Dr. Oetker

fettarm kochen

Dr. Oetker

fettarm kochen

Dr. Oetker Verlag

Vorwort

Leichter Genuss liegt im Trend - auch beim Kochen!

Wer auf seine Linie achten möchte – oder muss – braucht dabei auf Genuss und vor allem leckere Gerichte aus der eigenen Küche auf keinen Fall zu verzichten. In diesem Buch zeigen wir Ihnen, wie überraschend einfach es ist, moderne zeitgemäße Ernährung und köstliche Kochrezepte zu vereinen.

Dafür müssen Sie kein Koch-Profi sein, denn Dr. Oetker-Kochrezepte sind nach den neuesten Erkenntnissen entwickelt und in der Versuchküche ausprobiert. Das gibt Koch-Anfängern eine sichere Geling-Garantie. Aber auch leidenschaftliche Hobby-Köchinnen werden in diesem Kochbuch neue Anregungen und tolle Überraschungsrezepte finden, die Lust auf "Leichtes" machen.

Sie haben die Wahl: Auf den folgenden Seiten finden Sie Suppen, Salate und Snacks, Fisch, Fleisch, Gemüse, Beilagen, Nudeln und Desserts.

Abkürzungen

EL = Esslöffel
TL = Teelöffel
Msp. = Messerspitze
Pck. = Packung/Päckchen
g = Gramm
kg = Kilogramm
ml = Milliliter
l = Liter
evtl. = eventuell

geh. = gehäuft
gestr. = gestrichen
TK = Tiefkühlprodukt
°C = Grad Celsius
Ø = Durchmesser
E = Eiweiß
F = Fett
Kh = Kohlenhydrate
kcal = Kilokalorien
kJ = Kilojoule

Hinweise zu den Rezepten

Die Rezepte sind, soweit nicht anders angegeben für 4 Personen. Lesen Sie bitte vor der Zubereitung – besser noch vor dem Einkaufen – das Rezept einmal vollständig durch. Oft werden Arbeitsabläufe oder -zusammenhänge dann klarer.

Die in den Rezepten angegebenen Backtemperaturen und -zeiten sind Richtwerte, die je nach individueller Hitzeleistung des Backofens über- oder unterschritten werden können. Bitte beachten Sie deshalb bei der Einstellung des Backofens die Gebrauchsanweisung des Herstellers und machen Sie gegen Ende der Backzeit eine Garprobe.

Zubereitungszeiten

Die Zubereitungszeit beinhaltet nur die Zeit für die eigentliche Zubereitung, die Backzeiten sind gesondert ausgewiesen. Längere Wartezeiten wie z. B. Kühlzeiten sind ebenfalls nicht mit einbezogen.

Inhaltsübersicht

Inhaltsübersicht

Leichte Brokkolicremesuppe

Zubereitungszeit: 30 Minuten

Leicht - Vollwert

1 kg Brokkoli
300 ml Wasser
1 EL Gemüsebrühe (Instant)
500 ml (½ l) Milch
4 EL Haferkleie-Flocken (Reformhaus oder Naturkostladen)
Jodsalz
frisch gemahlener weißer Pfeffer
frisch geriebene Muskatnuss

1 Vom Brokkoli die Blätter entfernen. Den Brokkoli in Röschen teilen. Die Stängel am Strunk schälen und klein schneiden. Die Röschen waschen und abtropfen lassen.

2 Wasser, Gemüsebrühe und Brokkoli in einem Topf zum Kochen bringen und zugedeckt etwa 15 Minuten garen lassen. Anschließend mit dem Pürierstab fein pürieren.

3 Milch erhitzen. Nach und nach die Milch zum Brokkolipüree gießen, mit dem Pürierstab untermixen und so lange weiter mixen, bis eine glatte Cremesuppe entstanden ist. Suppe nochmals kurz aufkochen und Haferkleie-Flocken einrühren. Die Suppe mit Salz, Pfeffer und Muskat abschmecken.

Tipp:

Schnelle Verfeinerungs-Idee: Suppe mit Streifen von Räucherlachs, Krabben, fein gewürfelten Tomatenstückchen oder Knoblauch-Croûtons servieren.

Pro Portion:
Eiweiß: 13,6 g
Fett: 8,7 g
Kohlenhydrate: 17,6 g
kJ: 866
kcal: 205

Zucchinisuppe mit gerösteten Sonnenblumenkernen

Zubereitungszeit: 35 Minuten, ohne Abkühlzeit
Einfach - Schnell

1 kg Zucchini
1 Zwiebel
1 Knoblauchzehe
1 EL Speiseöl
600 ml Gemüsebrühe (Instant)
Jodsalz
frisch gemahlener Pfeffer
frisch geriebene Muskatnuss
gemahlener Kümmel oder Koriander
3 EL Schlagsahne (30 % Fett)
2 EL Sonnenblumenkerne
1 EL fein gehackte Petersilie oder Dill

1 Zucchini waschen, abtrocknen und die Enden abschneiden. Zucchini in Würfel schneiden. Zwiebel und Knoblauch abziehen und in feine Würfel schneiden.

2 Speiseöl in einem Topf erhitzen. Zwiebel- und Knoblauchwürfel darin andünsten. Zucchiniwürfel hinzugeben und unter mehrmaligem Wenden kurz mit andünsten. Brühe hinzugießen. Mit Salz, Pfeffer, Muskat und Kümmel oder Koriander würzen. Die Zutaten zum Kochen bringen und zugedeckt etwa 15 Minuten leicht kochen lassen.

3 Die Suppe fein pürieren und nochmals kurz erhitzen. Mit Salz und Pfeffer abschmecken. Sahne unterrühren.

4 Sonnenblumenkerne in einer Pfanne ohne Fett unter mehrmaligem Wenden hellbraun rösten und abkühlen lassen. Petersilie oder Dill abspülen, trockentupfen und fein hacken. Die Suppe mit Petersilie oder Dill und Sonnenblumenkernen anrichten.

Tipp:

Nach dem gleichen Rezept kann auch eine Kürbissuppe zubereitet werden. Dann werden Zucchiniwüfel durch die gleiche Menge Kürbiswürfel ersetzt. Gewürzt wird die Suppe mit gemahlenem Koriander oder Currypulver.

Pro Portion:
Eiweiß: 5,3 g
Fett: 9,6 g
Kohlenhydrate: 7,4 g
kJ: 580
kcal: 138

Curry-Linsen-Suppe mit Rosinen

Zubereitungszeit: 50 Minuten
Vegetarisch

1 Zwiebel
2 EL Butter
1 Knoblauchzehe
1 EL Currypulver
½ TL Paprikapulver, edelsüß
¼ TL gemahlener Kreuzkümmel (Cumin)
Jodsalz
frisch gemahlener Pfeffer
4 EL Tomatenmark
750 ml (¾ l) Gemüsebrühe
250 g gelbe Linsen, gespalten
3 EL Rosinen
½ Bund glatte Petersilie

1 Zwiebel abziehen und in kleine Würfel schneiden. Butter in einem Topf zerlassen. Zwiebelwürfel darin glasig dünsten. Knoblauch abziehen, durch eine Knoblauchpresse drücken und unterrühren.

2 Curry, Paprika, Kreuzkümmel, Salz, Pfeffer und Tomatenmark hinzufügen und kurz mit andünsten. Brühe hinzugießen. Linsen unter Rühren einstreuen. Die Suppe zum Kochen bringen und zugedeckt bei schwacher Hitze etwa 35 Minuten leicht kochen lassen. Rosinen hinzugeben.

3 Die Suppe mit den Gewürzen und evtl. Salz abschmecken.

4 Petersilie abspülen und trockentupfen. Die Blättchen von den Stängeln zupfen und grob hacken. Die Petersilie vor dem Servieren über die Suppe streuen.

Tipp:

Sie können auch die klassischen braunen Tellerlinsen verwenden. Die Garzeit beträgt dann etwa 60 Minuten.

Pro Portion:
Eiweiß: 15,8 g
Fett: 9,5 g
Kohlenhydrate: 38,3 g
kJ: 1281
kcal: 278

Bunter Gemüseeintopf mit Grünkern

Zubereitungszeit: 40 Minuten
Vollwert

2 Stangen Porree (Lauch)
6 Möhren
5 Stangen Staudensellerie
3 TL Pflanzenöl
125 g Grünkernschrot (Reformhaus oder Naturkostladen)
2 Zwiebeln
1 l Gemüsebrühe (Instant)
getrocknete Kräuter, z. B. Bohnenkraut oder Thymian
2 Fleischtomaten
frische Petersilie
Jodsalz
frisch gemahlener Pfeffer

1 Porree putzen, längs halbieren, gründlich waschen, abtropfen lassen und in Streifen schneiden. Möhren putzen, schälen, waschen, abtropfen lassen und in feine Würfel schneiden. Staudensellerie putzen, die harten Außenfäden abziehen. Sellerie waschen und abtropfen lassen. Sellerie in feine Streifen schneiden.

2 Pflanzenöl in einem Topf erhitzen. Grünkernschrot unter Rühren darin andünsten. Zwiebeln abziehen, in kleine Würfel schneiden, hinzugeben und mitdünsten lassen. Brühe hinzufügen. Porreestreifen, Möhren- und Selleriewürfel hinzugeben. Die Zutaten zum Kochen bringen und zugedeckt etwa 30 Minuten gar kochen lassen, zwischendurch umrühren. Kräuter hinzufügen.

3 Tomaten waschen, abtrocknen, die Stängelansätze herausschneiden. Tomaten in Würfel schneiden. Tomatenwürfel in den Eintopf geben und alles erhitzen.

4 Petersilie abspülen, trockentupfen und fein hacken. Den Eintopf vor dem Servieren mit Salz und Pfeffer abschmecken. Mit Petersilie bestreut servieren.

Pro Portion:
Eiweiß: 9,4 g
Fett: 9,9 g
Kohlenhydrate: 31,9 g
kJ: 1081
kcal: 257

Asia-Suppe mit mariniertem Hähnchenfilet

Zubereitungszeit: 35 Minuten, ohne Marinierzeit
Gefriergeeignet

400 g Hähnchenbrustfilet

Für die Marinade:
1 kleine rote Chilischote
2 EL Sojasauce
nach Belieben Currypulver, extra scharf

2 große Fenchelknollen
2 Möhren
1 Bund Frühlingszwiebeln
1 EL (15 g) Speiseöl
750 ml (3/4 l) Gemüsebrühe (Instant)
Sojasauce
frisch gemahlener schwarzer Pfeffer
evtl. Currypulver, extra scharf

Pro Portion:
Eiweiß: 27,0 g
Fett: 7,0 g
Kohlenhydrate: 9,8 g
kJ: 893
kcal: 213

1 Hähnchenbrustfilet unter fließendem kalten Wasser abspülen, trockentupfen und in Streifen schneiden. Filetstreifen in eine flache Schale legen.

2 Für die Marinade Chili waschen, abtrocknen, längs aufschneiden, entkernen und fein hacken. Chili, Sojasauce und Curry vermischen. Die Filetstreifen damit bestreichen und zugedeckt etwa 15 Minuten marinieren.

3 Von den Fenchelknollen die Stiele dicht oberhalb der Knollen abschneiden. Braune Stellen und Blätter entfernen (etwas Fenchelgrün beiseite legen). Die Wurzelenden gerade schneiden. Die Knollen waschen, halbieren und in Streifen schneiden.

4 Möhren putzen, schälen, waschen, abtropfen lassen und in Scheiben schneiden. Frühlingszwiebeln putzen, waschen, abtropfen lassen und in feine Ringe schneiden.

5 Speiseöl in einem Topf erhitzen. Fenchelstreifen, Möhrenscheiben und Zwiebelringe darin andünsten. Brühe hinzugießen. Die Zutaten zum Kochen bringen und zugedeckt 8–10 Minuten garen.

6 Hähnchenbrustfiletstreifen mit der Marinade hinzufügen. Die Suppe nochmals zum Kochen bringen und zugedeckt 5–6 Minuten kochen lassen.

7 Die Suppe vor dem Servieren mit Sojasauce, Pfeffer und evtl. etwas Curry abschmecken.

8 Beiseite gelegtes Fenchelgrün abspülen, trockentupfen und fein hacken. Die Suppe mit Fenchelgrün bestreut servieren.

Köstliche Beilage:
Duftig gekochter Basmatireis (gibt es auch als Naturreis mit den gesunden Randschichten, die viele wichtige Vitamine, Mineralien und Ballaststoffe enthalten).

Hähnchen-Gemüse-Eintopf

Zubereitungszeit: 45 Minuten, ohne Abkühlzeit
Klassisch

2 Hähnchenbrüste mit Knochen (etwa 800 g)
1 ½ l Wasser
Jodsalz
frisch gemahlener Pfeffer
1 Lorbeerblatt
2 Pimentkörner
2 Zwiebeln
1 Bund Suppengrün (etwa 400 g)
750 g mehlig kochende Kartoffeln
3 Möhren
1 Stange Porree (Lauch)
etwas frische Petersilie

Pro Portion:
Eiweiß: 43,6 g
Fett: 11,6 g
Kohlenhydrate: 30,8 g
kJ: 1710
kcal: 409

1 Hähnchenbrust abspülen und trockentupfen. Wasser mit Salz, Pfeffer, Lorbeerblatt und Pimentkörnern in einem großen Topf zum Kochen bringen. Zwiebeln abziehen, halbieren und in Spalten schneiden. Hähnchenbrust und Zwiebelspalten hinzugeben, zum Kochen bringen und zugedeckt bei mittlerer Hitze etwa 10 Minuten garen.

2 Suppengrün putzen, waschen, abtropfen lassen und klein schneiden. Suppengrün in die Brühe geben, zum Kochen bringen und zugedeckt noch etwa 15 Minuten kochen lassen.

3 Kartoffeln waschen, schälen, abspülen, abtropfen lassen und in Würfel schneiden. Möhren putzen, schälen, waschen, abtropfen lassen und in Stifte schneiden. Kartoffelwürfel und Möhrenstifte in die Brühe geben und nochmals etwa 7 Minuten garen.

4 Hähnchenbrust herausnehmen, etwas abkühlen lassen. Das Fleisch von den Knochen lösen. Die Haut entfernen. Das Fleisch in kleine Stücke schneiden.

5 Porree putzen, die Stange längs halbieren, gründlich waschen, abtropfen lassen und in Streifen schneiden. Fleischstückchen und Porreesteifen in den Eintopf geben und weitere 5 Minuten leicht kochen lassen.

6 Den Eintopf vor dem Servieren mit Salz und Pfeffer abschmecken. Petersilie abspülen, trockentupfen und fein hacken. Den Eintopf mit Petersilie bestreut servieren.

Tipp:

Eine besondere, leicht frische Note erhält der Eintopf, wenn Sie in den letzten 5 Minuten eine geschälte, in Scheiben geschnittene Zitrone mitgaren.

Griechischer Eintopf

Zubereitungszeit: 50 Minuten
Vegetarisch

1 Zwiebel (etwa 50 g)
1 Knoblauchzehe
4 EL Olivenöl
1 große Aubergine (etwa 400 g)
4 kleine Zucchini (je etwa 150 g)
400 g mehlig kochende Kartoffeln
500–750 ml (½–¾ l) Fleischbrühe
Jodsalz
frisch gemahlener Pfeffer
frisch geriebene Muskatnuss
3 Fleischtomaten
1 Bund Dill
½ Bund Petersilie
3 EL frisch geriebener Parmesankäse (40 % Fett)

Pro Portion:
Eiweiß: 8,9 g
Fett: 15,1 g
Kohlenhydrate: 25,8 g
kJ: 1172
kcal: 278

1 Zwiebel und Knoblauch abziehen, in kleine Würfel schneiden. Olivenöl in einem Topf erhitzen, Zwiebel- und Knoblauchwürfel darin andünsten.

2 Aubergine waschen, abtrocknen und den Stängelansatz abschneiden. Zucchini waschen, abtrocknen und die Enden abschneiden. Kartoffeln waschen, schälen, abspülen und abtropfen lassen.

3 Auberginen, Zucchini und Kartoffeln in gleich große Würfel schneiden, zu den Zwiebel- und Knoblauchwürfeln geben und mit andünsten. Brühe hinzugießen. Mit Salz, Pfeffer und Muskat würzen. Die Zutaten zugedeckt etwa 25 Minuten kochen lassen.

4 Tomaten waschen, abtrocknen, halbieren und die Stängelansätze herausschneiden. Tomaten in feine Würfel schneiden, zum Eintopf geben und unter Rühren erhitzen.

5 Dill und Petersilie abspülen, trockentupfen. Die Blättchen von den Stängeln zupfen und fein hacken. Den Eintopf vor dem Servieren nochmals mit Salz und Pfeffer abschmecken. Mit Käse, Dill und Petersilie bestreut servieren.

Tipp:
Statt frischer Tomaten können Sie auch eine kleine Dose geschälte Tomaten verwenden.

Pikanter Apfel-Porree-Salat

Zubereitungszeit: 25 Minuten, ohne Durchziehzeit
Preiswert

4 Äpfel (je etwa 100 g)

4 EL Zitronensaft

2 kleine Stangen Porree (Lauch)

300 g Vollmilchjoghurt

2 TL Zucker

Jodsalz

½ Beet (Kästchen) Gartenkresse

einige Blätter Kopfsalat

40 g gehackte Walnusskerne

Pro Portion:
Eiweiß: 8,1 g
Fett: 10,2 g
Kohlenhydrate: 24,0 g
kJ: 943
kcal: 226

1 Äpfel schälen, halbieren und entkernen. Apfelhälften grob raspeln und mit etwas von dem Zitronensaft mischen.

2 Porree putzen, die Stangen längs halbieren, gründlich waschen und abtropfen lassen. Porreegrün entfernen. Die weißen Stücke in feine Streifen schneiden.

3 Joghurt, restlichen Zitronensaft, Zucker und Salz verrühren. Geraspelte Äpfel und Porreestreifen untermischen. Den Salat etwa 20 Minuten durchziehen lassen.

4 Kresse abspülen und trockentupfen. Salatblätter abspülen und abtropfen lassen.

5 Den Salat mit Kresse und Salatblättern in einer Schale anrichten. Vor dem Servieren mit Walnusskernen bestreuen.

Tipp:
Milder im Geschmack wird dieser Salat, wenn Sie die Porreestreifen kurz in 1 Teelöffel Speiseöl andünsten. Der Salat schmeckt gut zu gebratenem Fisch, z. B. Scholle.

Staudensellerie-Salat mit Äpfeln

Zubereitungszeit: 25 Minuten
Leicht - Schnell

½ Kopf Endiviensalat

500 g Staudensellerie

2 Äpfel

Für die Salatsauce:

150 g cremiger Joghurt (1,5 % Fett)

50 g saure Sahne (10 % Fett)

1 Endiviensalat putzen, waschen und gut abtropfen lassen. Eine Salatschüssel mit den Endivienblättern auslegen.

2 Staudensellerie putzen, die harten Außenfäden abziehen. Sellerie waschen, abtropfen lassen und in dünne Scheiben schneiden. Äpfel waschen, abtrocknen, entkernen und ebenfalls in dünne Scheiben schneiden.

3 Für die Sauce Joghurt, Sahne, Meerrettich und Zitronensaft verrühren. Mit Salz, Pfeffer und Zucker abschmecken.

(Fortsetzung Seite 24)

1–2 EL geriebener Meerrettich (aus dem Glas)
3–4 EL Zitronensaft
Jodsalz
frisch gemahlener Pfeffer
1 Prise Zucker

Pro Portion:
Eiweiß: 4,5 g
Fett: 2,5 g
Kohlenhydrate: 18,5 g
kJ: 499
kcal: 120

4 Sellerie- und Apfelscheiben mit der Sauce mischen. Den Salat auf den Endivienblättern anrichten.

Tipp:

Zusätzlich noch gehackte Walnusskerne über den Salat streuen.

Chicoréesalat mit blauen Trauben

Zubereitungszeit: 30 Minuten
Raffiniert - Für Gäste

Für die Salatsauce:
150 g Vollmilchjoghurt
1 EL gehackte Zitronenmelisse
2 EL Zitronensaft
Jodsalz, 1 Prise Zucker

Für den Salat:
4 mittelgroße Chicorée (je etwa 200 g)
2 Äpfel, 2 Orangen
40 g Sonnenblumenkerne
200 g blaue Weintrauben

Pro Portion:
Eiweiß: 7,4 g
Fett: 7,2 g
Kohlenhydrate: 29,6 g
kJ: 926, kcal: 221

1 Für die Salatsauce Joghurt in eine Schüssel geben. Zitronenmelisse abspülen, trockentupfen und fein hacken. Melisse, Zitronensaft, Salz und Zucker mit dem Joghurt verrühren.

2 Für den Salat Chicorée von den schlechten Blättern befreien, halbieren, die bitteren Strünke keilförmig herausschneiden. Chicorée waschen und abtropfen lassen.

3 Äpfel schälen, vierteln, entkernen und in dünne Scheiben schneiden. Orangen so dick mit einem Messer schälen, dass auch die weiße Haut ganz entfernt wird. Orangen ebenfalls in Scheiben schneiden.

4 Chicoréeblätter, Apfel- und Orangenscheiben auf 4 Teller verteilen. Salatsauce darüber gießen. Mit Sonnenblumenkernen bestreuen.

5 Weintrauben waschen, trockentupfen, entstielen, evtl. entkernen und dekorativ auf dem Salat verteilen.

Tipp:

Ein Salat, der besonders gut zu gebratenem Geflügel passt.

Radieschen-Kartoffel-Salat

Zubereitungszeit: 50 Minuten, ohne Durchziehzeit
Klassisch

750 g kleine, fest kochende Kartoffeln

Für die Marinade:
1 Zwiebel
2 Gewürzgurken
200 ml Gemüsebrühe (Instant)

4 EL Weinessig
1 TL Zucker
Jodsalz
frisch gemahlener Pfeffer

1 TL mittelscharfer Senf
1–2 EL geriebener Meerrettich
1 Bund Radieschen
1 Bund Petersilie
75 g saure Sahne (10 % Fett)
evtl. etwas Gemüsebrühe

Nach Belieben:
1 hart gekochtes Ei

Pro Portion:
Eiweiß: 4,8 g
Fett: 3,0 g
Kohlenhydrate: 26,7 g
kJ: 672
kcal: 160

1 Kartoffeln gründlich waschen, zugedeckt in Wasser zum Kochen bringen, in 20–25 Minuten gar kochen, abgießen, abdämpfen und heiß pellen. Kartoffeln in Scheiben schneiden und in eine Schüssel geben.

2 Für die Marinade Zwiebel abziehen und in feine Würfel schneiden. Gurken ebenfalls in feine Würfel schneiden.

3 Brühe, Essig, Zucker, Salz und Pfeffer in einem Topf zum Kochen bringen. Die Marinade über die noch warmen Kartoffelscheiben gießen. Zwiebel-, Gurkenwürfel, Senf und Meerrettich hinzugeben. Die Zutaten vorsichtig vermengen. Den Salat so lange durchziehen lassen, bis die Marinade von den Kartoffelscheiben vollkommen aufgenommen worden ist. Ab und zu vorsichtig umrühren.

4 Radieschen putzen, waschen, trockentupfen und in Scheiben schneiden. Petersilie waschen und trockentupfen. Die Blättchen von den Stängeln zupfen. Blättchen fein hacken. Sahne und evtl. noch etwas Brühe unter den Kartoffelsalat rühren. Radieschenscheiben und Petersilie unterheben.

5 Den Salat vor dem Servieren nochmals mit Salz und Pfeffer abschmecken. Nach Belieben mit gekochtem Ei servieren.

Amerikanischer Salat

Zubereitungszeit: 20 Minuten
Preiswert - Schnell

Für die Salatsauce:

150 g Magermilchjoghurt

3 EL gemischte, gehackte Kräuter, z. B. Petersilie, Schnittlauch

1 EL Obstessig oder Zitronensaft

Jodsalz

frisch gemahlener Pfeffer

1 Banane

2 mittelgroße rote Äpfel

3 Stangen (etwa 150 g) Staudensellerie

½ Kopf Eisbergsalat

Pro Portion:
Eiweiß: 3,3 g
Fett: 0,6 g
Kohlenhydrate: 19,9 g
kJ: 428
kcal: 102

1 Für die Sauce Joghurt in einer Schüssel glatt rühren. Kräuter abspülen, trockentupfen, evtl. die Blättchen von den Stängeln zupfen und fein hacken. Kräuter, Obstessig oder Zitronensaft, Salz und Pfeffer unter den Joghurt rühren.

2 Banane schälen und in Scheiben schneiden. Äpfel waschen, abtrocknen, vierteln, entkernen und ebenfalls in Scheiben schneiden. Sellerie putzen, die harten Außenfäden abziehen, waschen und abtropfen lassen. Sellerie in feine Scheiben schneiden. Bananen-, Apfel- und Selleriescheiben mit der Joghurtsauce vermischen.

3 Von dem Eisbergsalat die welken Blätter entfernen. Salatblätter waschen, gut abtropfen lassen und in etwa 2 cm breite Streifen schneiden. Salatstreifen unter den Salat mischen und sofort servieren.

Tipp:

Eine komplette leichte, aber sättigende Mahlzeit machen Sie daraus, wenn Sie zu diesem Salat gebratenes Hähnchenfilet und

Frühlings-Salatteller mit Italia-Dressing

Zubereitungszeit: 50 Minuten
Raffiniert - Für Gäste

500 g weißer Spargel
etwas Wasser
Jodsalz
1 Prise Zucker, 1 TL Butter
200 g Zuckerschoten
etwas Salzwasser
1 Bund junge Möhren mit Grün
1 kleine Salatgurke

Für das Italia-Dressing:
1 Schalotte
1 milde, rote Peperoni (aus dem Glas)
1 TL Kapern (aus dem Glas)
2 EL Weinessig
1 EL halbtrockener Weißwein (ersatzweise 2 EL frisch gepresster Orangensaft)
Jodsalz, frisch gemahlener Pfeffer, Zucker
3 EL Olivenöl
1 EL gehackte Kräuter, z. B. Dill, Petersilie

Pro Portion:
Eiweiß: 6,1 g
Fett: 8,4 g
Kohlenhydrate: 15,4 g
kJ: 687
kcal: 164

1 Spargel waschen, von oben nach unten schälen, dabei darauf achten, dass die Schalen vollständig entfernt, die Köpfe aber nicht verletzt werden. Die holzigen Enden abschneiden.

2 Wasser mit Salz, Zucker und Butter in einem Topf zum Kochen bringen. Spargel hineingeben und zugedeckt etwa 8 Minuten bissfest garen. Den Spargel mit einem Schaumlöffel vorsichtig herausnehmen und abtropfen lassen.

3 Von den Zuckerschoten die Enden abschneiden. Die Schoten evtl. abfädeln, waschen und abtropfen lassen.

4 Zuckerschoten in Salzwasser zugedeckt etwa 5 Minuten bissfest garen, sofort in kaltes Wasser geben. Anschließend in einem Sieb abtropfen lassen.

5 Von den Möhren das Grün entfernen. Die Möhren putzen, schälen, waschen und abtropfen lassen. Möhren in Salzwasser zugedeckt etwa 10 Minuten bissfest garen und abtropfen lassen.

6 Gurke waschen, abtrocknen und die Enden abschneiden. Die Gurke längs halbieren, nach Belieben entkernen und in Scheiben schneiden.

7 Spargel, Zuckerschoten, Möhren und Gurkenscheiben auf einer Platte anrichten.

8 Für das Dressing Schalotte abziehen und in feine Würfel schneiden. Peperoni abtropfen lassen, längs aufschneiden, entkernen und in Stücke schneiden. Kapern abtropfen lassen und fein hacken.

9 Essig, Wein, Salz, Pfeffer und Zucker verrühren. Olivenöl unterschlagen. Kräuter abspülen, trockentupfen und fein hacken. Kräuter, Schalottenwürfel, Peperonistücke und Kapern unterrühren. Das Dressing über die Salatzutaten träufeln.

Beigabe: Knuspriges Stangenweißbrot.

Tipp:
Die Salatsauce eignet sich auch gut für Blattsalate.

Camemberttoast mit Preiselbeeren (Foto)

Zubereitungszeit: 20 Minuten
Für Gäste

4 Scheiben Grahambrot oder anderes leichtes Vollkornbrot
6 Birnenhälften aus der Dose
200 g Camembert (30 % Fett)
2 EL Preiselbeerkompott

Pro Portion:
Eiweiß: 18,7 g
Fett: 13,0 g
Kohlenhydrate: 64,0 g
kJ: 1888, kcal: 452

1 Brotscheiben leicht vortoasten. Birnenhälften in einem Sieb gut abtropfen lassen (evtl. mit Küchenpapier trockentupfen) und in Spalten schneiden. Birnenspalten auf den Toastscheiben verteilen.

2 Camembert in Scheiben schneiden und auf die Birnenspalten legen.

3 Die belegten Toastscheiben auf den Rost (mit Backpapier belegt) legen. Rost in den Backofen schieben. Toastscheiben kurz überbacken, bis der Camembert anfängt zu zerlaufen.

Ober-/Unterhitze: etwa 200 °C (vorgeheizt)
Heißluft: etwa 180 °C (vorgeheizt)
Gas: Stufe 3–4 (vorgeheizt)
Backzeit: 5–10 Minuten.

4 Die überbackenen Toastscheiben mit Preiselbeerkompott auf Tellern anrichten und sofort servieren.

Tipp:
Probieren Sie diesen Toast auch einmal mit cremig, mild würzigem Gorgonzola-Käse.

Tunfisch-Sandwich

Zubereitungszeit: 30 Minuten
Für Kinder - Schnell

einige Blätter Eisbergsalat
1 Dose Tunfisch, naturell (Abtropfgewicht 150 g)
1 rote Zwiebel
1 grüne Paprikaschote
1 Becher (200 g) saure Sahne (10 % Fett)

1 Salatblätter waschen und trockentupfen. Tunfisch gut abtropfen lassen und mit einer Gabel zerpflücken. Zwiebel abziehen und in feine Ringe schneiden. Paprika halbieren, entstielen, entkernen, die weißen Scheidewände entfernen. Die Schoten waschen und in sehr feine Würfel schneiden.

2 Saure Sahne, Joghurt und Senf verrühren. Mit Salz, Pfeffer und Paprika würzen. Tunfischstücke, Zwiebelringe und Paprikawürfel mit der Sauce mischen.

(Fortsetzung Seite 34)

2 EL Magermilchjoghurt
1 TL mittelscharfer Senf
Jodsalz, Pfeffer
Paprikapulver, edelsüß
8 Scheiben Vollkorntoast
etwas glatte Petersilie

Pro Portion:
Eiweiß: 13,7 g
Fett: 15,9 g
Kohlenhydrate: 34,5 g
kJ: 1417, kcal: 339

3 Toastscheiben knusprig toasten und mit jeweils einigen Salatblättern belegen. Die Tunfischcreme darauf verteilen. Die restlichen Toastscheiben darauf legen und das Sandwich diagonal halbieren.

4 Petersilie abspülen und trockentupfen. Die Blättchen von den Stängeln zupfen. Die Sandwichscheiben damit garnieren.

Würzige Waffeln

Zubereitungszeit: 45 Minuten, ohne Teiggeh- und Abkühlzeit
Vollwert

Für den Hefeteig:
150 g dunkles Weizenmehl (Type 1050)
1 Pck. Trockenhefe
250 ml (1/4 l) Wasser
frisch gemahlener Pfeffer
1/2 TL Paprikapulver, edelsüß
1 EL gerebelter Majoran
1 Ei (Größe M)
1 Bund gemischte Küchenkräuter
2 Zwiebeln
1 TL Pflanzenöl
etwas Fett

Pro Portion:
Eiweiß: 7,5 g
Fett: 3,7 g
Kohlenhydrate: 27,0 g
kJ: 725, kcal: 173

1 Für den Teig Mehl in eine Schüssel sieben und mit der Trockenhefe sorgfältig vermischen.

2 Wasser, Pfeffer, Paprika, Majoran und Ei hinzufügen. Die Zutaten mit Handrührgerät mit Knethaken zunächst auf niedrigster, dann auf höchster Stufe in etwa 5 Minuten zu einem glatten Teig verarbeiten.

3 Kräuter abspülen, trockentupfen, evtl. Blättchen von den Stängeln zupfen, fein hacken und unterkneten. Den Teig zugedeckt so lange an einem warmen Ort gehen lassen, bis er sich sichtbar vergrößert hat.

4 Zwiebeln abziehen und in feine Würfel schneiden. Pflanzenöl in einer Pfanne erhitzen. Zwiebelwürfel darin goldgelb dünsten, etwas abkühlen lassen. Zwiebelwürfel unter den Teig rühren.

5 Den Teig in nicht zu großen Portionen in ein gut erhitztes Waffeleisen (leicht gefettet) füllen. Die Waffeln goldbraun backen und sofort servieren.

Tipp:
Waffeln mit einem selbst gemachten Kräuter-Quark-Dip servieren. Dazu 400 g Magerquark, 5 Esslöffel Mineralwasser, Jodsalz und Pfeffer glatt verrühren. 1 Bund gemischte Kräuter (Dill, Basilikum, Petersilie) abspülen, trockentupfen, fein hacken und unterrühren.

Indonesischer Fischtopf

Zubereitungszeit: 40 Minuten, ohne Marinierzeit
Raffiniert

4 Kabeljaufilets (je 125 g)
frisch gemahlener Pfeffer
Jodsalz
gemahlener Ingwer
500 g Sojabohnenkeime

Für die Sauce:
2 Knoblauchzehen
200 g saure Sahne (10 % Fett)
4 EL gehackter Dill

40 g abgezogene, gestiftelte Mandeln

Pro Portion:
Eiweiß: 40,2 g
Fett: 18,6 g
Kohlenhydrate: 15,7 g
kJ: 1646
kcal: 394

1 Kabeljaufilets unter fließendem kalten Wasser abspülen, trockentupfen. Kabeljaufilets mit Salz, Pfeffer und Ingwer würzen.

2 Sojabohnenkeime verlesen, in ein Sieb geben, kalt abspülen und abtropfen lassen. Sojabohnenkeime in einer flachen Auflaufform (gefettet) verteilen. Kabeljaufilets nebeneinander darauf legen.

3 Für die Sauce Knoblauch abziehen und fein zerdrücken oder durch eine Knoblauchpresse drücken. Knoblauch mit saurer Sahne verrühren. Dill abspülen, trockentupfen, fein hacken und hinzugeben. Mit Salz und Pfeffer würzen.

4 Die Sauce auf den Kabeljaufilets verteilen. Mandeln darauf streuen. Die Form auf dem Rost in den Backofen schieben.

Ober-/Unterhitze: etwa 200 °C (vorgeheizt)
Heißluft: etwa 180 °C (vorgeheizt)
Gas: Stufe 3–4 (vorgeheizt)
Backzeit: etwa 25 Minuten.

5 Den Fischtopf sofort servieren.

Beilage: Dazu Reis oder chinesische Nudeln servieren.

Seelachsfilet in Folie gegart

Zubereitungszeit:
35 Minuten
Raffiniert

4 Scheiben Seelachsfilet
(je etwa 180 g)
Jodsalz
frisch gemahlener Pfeffer
2 kleine Stangen Porree
(Lauch)
2 EL Speiseöl
4 Tomaten
½ Bund glatte Petersilie
3 EL Röstzwiebeln

Außerdem:
4 Bögen Alufolie
(je etwa 20 x 30 cm)

Pro Portion:
Eiweiß: 43,0 g
Fett: 8,0 g
Kohlenhydrate: 6,3 g
kJ: 1146
kcal: 274

1 Seelachsfilet unter fließendem kalten Wasser abspulen und trockentupfen. Seelachsfilet mit Salz und Pfeffer würzen.

2 Porree putzen, längs halbieren, gründlich waschen, abtropfen lassen und in feine Streifen schneiden. Speiseöl in einem Topf erhitzen, Porreestreifen hinzugeben und unter mehrmaligem Wenden etwa 3 Minuten darin dünsten. Mit Salz und Pfeffer würzen.

3 4 Bögen Alufolie auf einer Arbeitsfläche ausbreiten. Die Porreestreifen jeweils darauf verteilen. Je 1 Scheibe Seelachsfilet darauf legen.

4 Tomaten waschen, abtrocknen, die Stängelansätze herausschneiden und die Tomaten in Würfel schneiden. Petersilie abspülen, trockentupfen und fein hacken. Tomatenwürfel mit Petersilie und Röstzwiebeln mischen und auf den Seelachsfiletscheiben verteilen.

5 Die Alufolie zu je einem Päckchen fest verschließen und auf ein Backblech legen. Das Backblech in den Backofen schieben.

Ober-/Unterhitze: etwa 200 °C (vorgeheizt)
Heißluft: etwa 180 °C (vorgeheizt)
Gas: Stufe 3–4 (vorgeheizt)
Garzeit: 20–25 Minuten.

6 Jeweils 1 Seelachs-Päckchen auf je einem Teller anrichten, öffnen und sofort servieren.

Beilage: Dazu schmecken Pellkartoffeln.

Tipp:
Statt Alufolie kann auch Backpapier verwendet werden.

Pikante Schollenröllchen im Gemüsebett

Zubereitungszeit: 50 Minuten, ohne Marinierzeit
Für Gäste

4 doppelte Schollenfilets (je etwa 125 g)
Saft von 1 Zitrone
500 g Staudensellerie
1 Zwiebel
2 TL (10 g) Speiseöl
Jodsalz
frisch gemahlener Pfeffer
1 Bund Dill
4 Tomaten
1 Knoblauchzehe
1 EL Olivenöl
2 EL Tomatenmark
etwas Zucker

Außerdem:
4 Bögen Alufolie (je etwa 25 x 30 cm)

Pro Portion:
Eiweiß: 25,0 g
Fett: 7,8 g
Kohlenhydrate: 8,5 g
kJ: 877
kcal: 210

1 Schollenfilets unter fließendem kalten Wasser abspülen, trockentupfen, längs halbieren (Mittelnaht) und in eine flache Schale legen. Mit Zitronensaft beträufeln.

2 Staudensellerie putzen, die harten Außenfäden abziehen. Sellerie waschen, abtropfen lassen und würfeln. Zwiebel abziehen und fein würfeln.

3 Speiseöl in einem Topf erhitzen. Die Hälfte der Zwiebelwürfel darin glasig dünsten. Staudensellerie hinzugeben und zugedeckt bei schwacher Hitze etwa 5 Minuten dünsten. Mit Salz und Pfeffer würzen. 4 Bögen Alufolie auf einer Arbeitsfläche ausbreiten. Selleriegemüse darauf verteilen, dabei jeweils die Ränder frei lassen.

4 Dill abspülen, trockentupfen und fein schneiden. Tomaten waschen, abtrocknen, halbieren und Stängelansätze herausschneiden. Tomatenhälften fein würfeln. Knoblauch abziehen und würfeln. Öl erhitzen, restliche Zwiebel- und Knoblauchwürfel darin andünsten, Tomatenwürfel hinzufügen. Dill, Tomatenmark und Zucker unterrühren. Die Schollenfilets auf der glatten Seite damit bestreichen. Fischfilets zusammenrollen, evtl. mit Zahnstochern feststecken und je 2 Röllchen auf das Selleriegemüse setzen. Mit Salz und Pfeffer würzen.

5 Die Alufolie so zusammenfalten, dass keine Flüssigkeit auslaufen kann. Die Päckchen auf ein Backblech legen. Das Backblech in den Backofen schieben.

Ober-/Unterhitze: etwa 200 °C (vorgeheizt)
Heißluft: etwa 180 °C (vorgeheizt)
Gas: Stufe 3–4 (vorgeheizt)
Garzeit: 20–30 Minuten.

6 Die Fisch-Gemüse-Päckchen herausnehmen und kurz ruhen lassen. Schollenröllchen und Gemüse auf Tellern anrichten.

Beilage: Körnig gekochter Reis.

Seezungenfilets „Fisherman's Wharf“

Zubereitungszeit: 35 Minuten
Raffiniert

Für das Apfel-Pflaumen-Kompott:
3 große Äpfel (etwa 500 g)
1 EL Butter
5 EL Wasser
4 EL Zitronensaft
1 Prise Zucker
Jodsalz
Zitronenpfeffer
200 g kalifornische Trockenpflaumen (entsteint)

500 g Seezungenfilets
2 EL Butter
2 EL Zitronensaft

Pro Portion:
Eiweiß: 24,1 g
Fett: 9,0 g
Kohlenhydrate: 45,3 g
kJ: 1539
kcal: 368

1 Für das Kompott Äpfel schälen, vierteln, entkernen und in feine Würfel schneiden. Butter in einer Pfanne zerlassen. Wasser, Zitronensaft, Zucker, Salz und Zitronenpfeffer hinzufügen. Apfelwürfel hinzugeben und unter Rühren etwa 3 Minuten darin dünsten. Pflaumen grob würfeln, unterrühren und kurz mit erhitzen.

2 Seezungenfilets unter fließendem kalten Wasser abspülen und trockentupfen. Butter in einer großen Pfanne erhitzen. Die Seezungenfilets von jeder Seite 2–3 Minuten darin braten. Mit Salz würzen und mit Zitronensaft beträufeln.

3 Seezungenfilets mit dem lauwarmen Apfel-Pflaumen-Kompott anrichten.

Beilage: Langkorn-Wildreis-Mischung.

Fischgratin

Zubereitungszeit: 55 Minuten
Vollwert

200 g Naturreis
2 l Wasser
Jodsalz
500 g Brokkoli
500 g Rotbarschfilet
Saft von 1 Zitrone
2 Tomaten

Für die Sauce:
1 EL Weizenmehl (Type 1050)
200 ml Gemüsebrühe (Instant)
150 ml Vollmilch
2 EL mittelscharfer Senf
frisch gemahlener weißer Pfeffer
etwas frische Petersilie, Dill und Liebstöckel oder 1 Pck. TK-Kräuter

Pro Portion:
Eiweiß: 33,0 g
Fett: 7,4 g
Kohlenhydrate: 47,0 g
kJ: 1650
kcal: 392

1 Reis in kochendes Salzwasser geben, zugedeckt zum Kochen bringen und nach Packungsanleitung etwa 30 Minuten ausquellen lassen.

2 Von dem Brokkoli die Blätter und harten Strünke entfernen. Brokkoli waschen, abtropfen lassen und in Röschen teilen. Brokkolistängel schälen und in Würfel schneiden. Brokkoli in einem Topf in wenig, leicht gesalzenem Wasser etwa 5 Minuten zugedeckt dünsten. Reis und Brokkoli getrennt in je einem Sieb gut abtropfen lassen.

3 Rotbarschfilet unter fließendem kalten Wasser abspülen und trockentupfen. Rotbarschfilet mit Zitronensaft beträufeln und in Stücke schneiden.

4 Tomaten waschen, abtrocknen, halbieren und die Stängelansätze herausschneiden. Tomaten in Würfel schneiden.

5 Für die Sauce Mehl in einem Topf unter Rühren bei mittlerer Hitze so lange erhitzen, bis es goldgelb ist. Brühe und Milch hinzugießen, mit einem Schneebesen kräftig durchschlagen. Darauf achten, dass keine Klümpchen entstehen. Die Sauce kurz aufkochen lassen. Mit Senf und Pfeffer würzen.

6 Petersilie, Dill und Liebstöckel abspülen, trockentupfen, Blättchen von den Stängeln zupfen, hacken und unterrühren.

7 Reis, Rotbarschfiletstückchen, Brokkoli und Tomatenwürfel in eine flache Auflaufform schichten. Mit Salz und Pfeffer würzen. Die Sauce darauf verteilen. Die Form auf dem Rost in den Backofen schieben.

Ober-/Unterhitze: etwa 200 °C (vorgeheizt)
Heißluft: etwa 180 °C (vorgeheizt)
Gas: Stufe 3–4 (vorgeheizt)
Garzeit: etwa 15 Minuten.

Tipp:
Anstelle von Reis können sie auch sehr gut Nudeln, z. B. Tortellini, Spirelli oder Penne verwenden.

Tomatenfisch auf Mangold

Zubereitungszeit: 45 Minuten
Für Gäste

4 Stücke Kabeljaufilet
(je etwa 120 g)
Saft von 1 Zitrone
800 g Mangold
1 Knoblauchzehe
1 EL (15 g) Speiseöl
Jodsalz
frisch gemahlener Pfeffer
2 große Tomaten
4 EL geriebener Parmesankäse

Außerdem:
Bratfolienschlauch

Pro Portion:
Eiweiß: 27,4 g
Fett: 7,0 g
Kohlenhydrate: 9,9 g
kJ: 924
kcal: 220

1 Kabeljaufilets unter fließendem kalten Wasser abspülen, trockentupfen und in eine flache Schale legen. Kabeljaufilets mit Zitronensaft beträufeln.

2 Mangold putzen (evtl. dabei die großen Blattstiele entfernen). Mangold mehrmals waschen, gut abtropfen lassen und in Streifen schneiden. Knoblauch abziehen und durch eine Knoblauchpresse drücken.

3 Speiseöl in einem Topf erhitzen. Mangold und Knoblauch unter mehrmaligem Wenden darin andünsten. Mit Salz und Pfeffer würzen. Tomaten waschen, abtrocknen, die Stängelansätze herausschneiden. Tomaten in Scheiben schneiden.

4 Mangold in einen großen Bratfolienschlauch füllen und auf ein Backblech legen. Kabeljaufilets aus der Schale nehmen und auf den Mangold legen. Mit Tomatenscheiben bedecken und mit Käse bestreuen. Bratfolienschlauch fest verschließen. Das Backblech in den Backofen schieben.

Ober-/Unterhitze: etwa 200 °C (vorgeheizt)
Heißluft: etwa 180 °C (vorgeheizt)
Gas: Stufe 3–4 (vorgeheizt)
Garzeit: 25–30 Minuten.

5 Bratfolienschlauch vom Backblech nehmen und vorsichtig aufschneiden. Mangold und Kabeljaufilets auf Tellern anrichten.

Beilage:
Frisches Stangenweißbrot.

Tipp:
Beim Garen im Bratfolienschlauch können Sie fast ganz auf Fett verzichten, trotzdem gart alles herrlich aromatisch und saftig.

Italienische Muschel-Gemüse-Pfanne

Zubereitungszeit: 45 Minuten
Vollwert

200 g Naturreis
500 ml (1/2 l) Gemüsebrühe (Instant)
Kurkuma

1 kg frische Miesmuscheln
2 Stangen Porree (Lauch)
2 EL Butter
250 ml (1/4 l) Gemüsebrühe (Instant)
2 Tomaten
1 Bund Basilikum
Jodsalz
frisch gemahlener schwarzer Pfeffer

1 Reis und Brühe in einem Topf zum Kochen bringen und zugedeckt 30–40 Minuten bei schwacher Hitze ausquellen lassen. Mit Kurkuma würzen.

2 Miesmuscheln in reichlich kaltem Wasser gründlich waschen, einzeln abbürsten, bis sie nicht mehr sandig sind (Muscheln, die sich beim Waschen öffnen, sind nicht genießbar). Porree putzen, die Stangen längs halbieren, gründlich waschen, abtropfen lassen und in Streifen schneiden.

3 Butter in einer großen Pfanne zerlassen. Porreestreifen darin andünsten. Brühe hinzugießen. Muscheln hinzugeben und unter mehrmaligem Wenden zugedeckt etwa 5 Minuten garen, bis sich alle Muscheln geöffnet haben. (Muscheln, die sich nach dem Garen nicht öffnen, sind ungenießbar). Miesmuscheln herausnehmen und das Muschelfleisch aus den Schalen lösen. Porreestreifen abtropfen lassen.

4 Tomaten waschen, abtrocknen, halbieren und die Stängelansätze herausschneiden. Tomaten in feine Würfel schneiden. Basilikum abspülen und trockentupfen. Die Blättchen von den Stängeln zupfen und klein schneiden.

5 Reis, Porreestreifen und Muschelfleisch in einer großen Pfanne mischen, evtl. nochmals kurz erhitzen. Mit Salz und Pfeffer würzen. Mit Tomatenwürfeln und Basilikum garniert servieren.

Tipp:

Statt Miesmuscheln schmecken auch gegarte Krabben sehr lecker.

Pro Portion:
Eiweiß: 18,2 g
Fett: 7,3 g
Kohlenhydrate: 46,3 g
kJ: 1373
kcal: 327

Hähnchen-Geschnetzeltes

Zubereitungszeit: 35 Minuten
Leicht

3 Hähnchenbrustfilets (etwa 400 g)

300 g Champignons
400 g Möhren
1 Stange Porree (Lauch, etwa 300 g)
1 EL Butterschmalz
Jodsalz
frisch gemahlener Pfeffer
Paprikapulver, edelsüß
75 ml Gemüsebrühe (Instant)
1 EL Zitronensaft
1–2 EL heller Saucenbinder
150 g saure Sahne (10 % Fett)

1 Bund Kerbel

Pro Portion:
Eiweiß: 29,3 g
Fett: 7,9 g
Kohlenhydrate: 9,7 g
kJ: 960
kcal: 229

1 Hähnchenbrustfilets unter fließendem kalten Wasser abspülen, trockentupfen und in breite Streifen oder kleine Würfel schneiden. Champignons putzen, mit Küchenpapier abreiben, evtl. abspülen, abtropfen lassen und vierteln. Möhren putzen, schälen, waschen, abtropfen lassen und in kleine Würfel schneiden. Porree putzen, die Stange längs halbieren, gründlich waschen, abtropfen lassen und in Streifen schneiden.

2 Butterschmalz in einem Topf erhitzen. Fleischstücke unter Wenden darin anbraten, mit Salz, Pfeffer und Paprika bestreuen. Das Fleisch herausnehmen und warm stellen.

3 Porree und Champignons in den Topf geben, unter Rühren andünsten, Möhrenwürfel hinzugeben und mit andünsten. Mit Salz, Pfeffer und Paprika würzen. Brühe und Zitronensaft hinzugießen. Das Gemüse zugedeckt bei schwacher Hitze etwa 5 Minuten garen.

4 Gemüsefond mit Saucenbinder andicken. Filetwürfel hinzugeben. Das Geschnetzelte bei schwacher Hitze nochmals erhitzen. Sahne unterrühren. Nochmals mit Salz, Pfeffer und Paprika abschmecken.

5 Kerbel abspülen, trockentupfen, die Blättchen von den Stängeln zupfen und fein hacken. Das Geschnetzelte mit Kerbel bestreut servieren.

Tipp:

Schmeckt auch sehr gut mit Putenbrustfilet.

Provenzalisches Putenragout

Zubereitungszeit: 45 Minuten
Raffiniert

500 g Putenbrustfilet
2 mittelgroße Zucchini
1 große Aubergine
3 Fleischtomaten
85 g schwarze Oliven ohne Stein
2 EL Olivenöl
1 Knoblauchzehe
Jodsalz
frisch gemahlener Pfeffer
2 TL gerebelter Rosmarin
125 ml (1/8 l) Rotwein (ersatzweise Fleischbrühe; Instant)
1/2 Bund Thymian

Pro Portion:
Eiweiß: 33,9 g
Fett: 9,9 g
Kohlenhydrate: 8,1 g
kJ: 1169
kcal: 278

1 Putenbrustfilet unter fließendem kalten Wasser abspülen, trockentupfen und in Würfel schneiden.

2 Zucchini waschen und abtrocknen. Die Enden abschneiden. Aubergine waschen, abtrocknen und den Stängelansatz abschneiden. Zucchini und Aubergine in grobe Würfel schneiden.

3 Tomaten waschen, abtropfen lassen, kreuzweise einschneiden und einige Sekunden in kochendes Wasser legen. Tomaten kurz in kaltes Wasser legen, enthäuten, vierteln, entkernen und die Stängelansätze herausschneiden. Fruchtfleisch in Stücke schneiden. Oliven in ein Sieb geben, mit kaltem Wasser abspülen und abtropfen lassen, nach Belieben in Scheiben schneiden.

4 Olivenöl in einem großen Topf erhitzen. Fleischwürfel unter Wenden darin anbraten. Knoblauch abziehen, durch eine Knoblauchpresse drücken und zu den Fleischwürfeln geben. Zucchini- und Auberginenwürfel hinzufügen. Mit Salz, Pfeffer und Rosmarin würzen. Rotwein oder Fleischbrühe hinzugießen. Die Zutaten zugedeckt etwa 10 Minuten schmoren.

5 Etwa 5 Minuten vor Ende der Schmorzeit die Tomatenstücke hinzugeben und nochmals kräftig durchschmoren lassen.

6 Thymian abspülen und trockentupfen. Die Blättchen von den Stängeln zupfen. Oliven und Thymianblättchen zum Putenragout geben. Nochmals mit Salz und Pfeffer abschmecken.

Beilage: Reis oder Risotto.

Putenbrust „Indische Art“

Zubereitungszeit: 35 Minuten
Raffiniert

500 g Putenbrustfilet
2 Zwiebeln
2 EL Speiseöl
Jodsalz
frisch gemahlener Pfeffer
1 TL Currypulver
400 g Knollensellerie
evtl. etwas Wasser
2 säuerliche Äpfel (240 g)
2 Bananen (120 g)
frisch gemahlener Pfeffer
gemahlener Ingwer
150 g Naturjoghurt

1 Putenbrustfilet unter fließendem kalten Wasser abspülen, trockentupfen und in große Stücke schneiden. Zwiebeln abziehen und in feine Würfel schneiden.

2 Speiseöl in einer Pfanne erhitzen und die Filetstücke darin kräftig anbraten, mit Salz, Pfeffer und Curry würzen. Zwiebelwürfel hinzufügen und kurz mitbraten lassen. Filetstücke herausnehmen und warm stellen.

3 Sellerie putzen, schälen, waschen und abtropfen lassen. Sellerie in kleine Würfel schneiden, im verbliebenen Bratfett kurz andünsten, evtl. etwas Wasser hinzufügen und das Ganze knapp 10 Minuten garen. Äpfel schälen, vierteln und entkernen. Bananen schälen. Äpfel und Bananen in feine Würfel schneiden, zu den Selleriewürfeln geben und unter Rühren etwa 5 Minuten mitdünsten lassen.

4 Fleisch wieder hinzufügen. Mit Curry, Pfeffer und Ingwer kräftig würzen, evtl. etwas Wasser hinzufügen.

5 Zuletzt Joghurt unterrühren (nicht mehr aufkochen lassen, damit der Joghurt nicht gerinnt).

Beilage: Reis.

Pro Portion:
Eiweiß: 33,2 g
Fett: 8,2 g
Kohlenhydrate: 17,6 g
kJ: 1179
kcal: 282

Kasseler auf Gemüse

Zubereitungszeit: 40 Minuten
Leicht

1 Bund frische Möhren
2 mittelgroße Fenchelknollen
2 EL Pflanzenöl
je 1 TL gerebelter Thymian und Rosmarin
frisch gemahlener Pfeffer
Jodsalz
500 g ausgelöster Kasseler-Kotelettbraten (Lummer- oder Stielkotelett)
150 ml Wasser

Pro Portion:
Eiweiß: 34,8 g
Fett: 16,7 g
Kohlenhydrate: 16,8 g
kJ: 1505
kcal: 361

1 Möhren putzen, waschen, schalen und abtropfen lassen. Von den Fenchelknollen die Stiele dicht oberhalb der Knollen abschneiden. Braune Stellen und Blätter entfernen. Die Knollen waschen, abtropfen lassen und halbieren. Möhren und Fenchel in Streifen schneiden.

2 Pflanzenöl in einer großen Pfanne erhitzen. Möhren- und Fenchelstreifen unter Wenden etwa 5 Minuten darin dünsten. Mit Thymian, Rosmarin, Pfeffer und Salz würzen.

3 Möhren- und Fenchelstreifen in eine flache Auflaufform oder einen kleinen Bräter mit Deckel geben.

4 Kasseler abspülen, trockentupfen und auf die Möhren- und Fenchelstreifen legen. Wasser hinzugießen. Auflaufform oder Bräter zugedeckt auf dem Rost in den Backofen schieben.

Ober-/Unterhitze: **etwa 200 °C (vorgeheizt)**
Heißluft: **etwa 180 °C (nicht vorgeheizt)**
Gas: **Stufe 3–4 (nicht vorgeheizt)**
Garzeit: **etwa 35 Minuten.**

5 Kasseler etwas ruhen lassen, herausnehmen und in Scheiben schneiden. Möhren- und Fenchelgemüse nochmals mit Salz und Pfeffer abschmecken. Kasselerscheiben darauf anrichten und sofort servieren.

Beilage: Salzkartoffeln.

Tipp:
Extra fettarm und ohne Andünsten des Gemüses können Sie alle Zutaten im Tontopf (Römertopf) garen. Dazu Herstelleranleitung beachten. Vorbereitetes Gemüse und Fleisch in den Tontopf schichten und in den kalten Backofen schieben. Dann wie im Rezept beschrieben im Backofen garen. Garzeit etwa 1 Stunde 20 Minuten.

Kräuterfilet zu Zitronenkartoffeln

Zubereitungszeit: 45 Minuten
Für Gäste - Leicht

1 kg mittelgroße Kartoffeln
2 EL Pflanzenöl
etwas gerebelter Rosmarin
oder Thymian
Jodsalz
frisch gemahlener Pfeffer
1 Zitrone
150 g Cocktailtomaten
500 g Schweinefilet
1 Bund frisches Basilikum
250 g Magerquark
2 EL Milch
1 Knoblauchzehe

Pro Portion:
Eiweiß: 39,2 g
Fett: 10,9 g
Kohlenhydrate: 35,3 g
kJ: 1711
kcal: 408

1 Kartoffeln waschen, schälen, nochmals abspülen und abtropfen lassen. Kartoffeln halbieren und längs achteln.

2 1 Esslöffel von dem Pflanzenöl mit Rosmarin, Thymian, Salz und Pfeffer mischen. Zitrone dick schälen, so dass die weiße Haut mit entfernt wird. Zitrone in Scheiben schneiden und unter die Kartoffeln mischen. Die Zutaten in eine flache Auflaufform geben. Die Form auf dem Rost in den Backofen schieben.

Ober-/Unterhitze: **etwa 200 °C (vorgeheizt)**
Heißluft: **etwa 180 °C (nicht vorgeheizt)**
Gas: **Stufe 3–4 (nicht vorgeheizt)**
Garzeit: **etwa 45 Minuten.**

3 Tomaten abspülen, abtropfen lassen und halbieren, evtl. Stängelansätze herausschneiden. Tomatenhälften nach etwa 25 Minuten Garzeit zu den Kartoffelstücken geben, untermischen und fertig garen.

4 Schweinefilet abspülen und trockentupfen. Restliches Pflanzenöl in einer beschichteten Pfanne erhitzen. Schweinefilet von allen Seiten bei starker Hitze darin braun anbraten. Mit Salz und Pfeffer würzen. Anschließend das Schweinefilet bei schwacher Hitze je nach Dicke des Fleisches 10–15 Minuten braten.

5 Basilikum abspülen und trockentupfen. Die Blättchen von den Stängeln zupfen und grob hacken. Quark mit Milch verrühren. Mit Salz und Pfeffer würzen. Knoblauch abziehen, durch eine Knoblauchpresse drücken und unter den Quark rühren. Die Hälfte des Basilikums hinzugeben.

6 Schweinefilet aus der Pfanne nehmen und kurz ruhen lassen. Anschließend im restlichen Basilikum wenden und in Scheiben schneiden. Schweinefiletscheiben mit Zitronenkartoffeln und Basilikumquark anrichten.

Filetspieße zu Kräuterreis

Zubereitungszeit: 40 Minuten
Für Gäste

200 g Natur- oder Parboiled-Reis
2 l Salzwasser
400 g Filet (Rind oder Schwein)
2 mittelgroße Zucchini
je 2 rote und gelbe Paprikaschoten
4 TL Speiseöl
Jodsalz
frisch gemahlener Pfeffer
Paprikapulver
gerebelter Thymian
einige Stiele frische gemischte Kräuter oder ½ Pck. TK-Gemischte Kräuter

evtl. Barbecuesauce oder Joghurtsauce mit Knoblauch

Außerdem:
8 Holz- oder Metallspieße

Pro Portion:
Eiweiß: 33,7 g
Fett: 18,8 g
Kohlenhydrate: 46,2 g
kJ: 2067
kcal: 492

1 Reis in kochendes Salzwasser geben, zugedeckt zum Kochen bringen. Naturreis etwa 35 Minuten und Parboiled-Reis etwa 20 Minuten ausquellen lassen. Den garen Reis in ein Sieb geben, mit kaltem Wasser übergießen und abtropfen lassen. Reis warm stellen.

2 Filet abspülen, trockentupfen und in 1 x 1 cm große Würfel schneiden. Zucchini putzen, waschen, abtrocknen und die Enden abschneiden. Zucchini in Würfel schneiden. Paprika halbieren, entstielen, entkernen, die weißen Scheidewände entfernen. Die Schoten waschen und in Stücke schneiden. Filet-, Zucchiniwürfel und Paprikastücke abwechselnd auf die Spieße stecken.

3 Speiseöl in einer großen Pfanne erhitzen. Die Fleisch-Gemüse-Spieße bei mittlerer Hitze von allen Seiten etwa 10 Minuten darin braten. Mit Salz, Pfeffer, Paprika und Thymian würzen.

4 Kräuter abspülen und trockentupfen. Die Blättchen von den Stängeln zupfen und fein hacken. Kräuter unter den warm gestellten Reis mischen.

5 Die Fleisch-Gemüse-Spieße mit Reis und evtl. Barbecuesauce oder Joghurtsauce mit Knoblauch servieren.

Tipp:
Statt Zucchini können Sie auch etwa 200 g mittelgroße Champignons verwenden.

Kräuterrouladen mit Möhren

Zubereitungszeit: 30 Minuten
Für Gäste

4 dünne Kalbs- oder Schweineschnitzel (je etwa 100 g)
Jodsalz
frisch gemahlener Pfeffer
4 TL mittelscharfer Senf
1 Pck. TK-Gemischte Kräuter
750 g frische Möhren
1 EL Speiseöl
300 ml Fleischbrühe (Instant)

2 ½ l Wasser
2 ½ TL Jodsalz
250 g Nudeln, z. B. Tagliatelle (Bandnudeln)
4 EL gehackte Petersilie
1 EL Crème fraîche

Außerdem:
Holzstäbchen

Pro Portion:
Eiweiß: 32,1 g
Fett: 7,4 g
Kohlenhydrate: 52,1 g
kJ: 1713
kcal: 409

1 Schnitzel unter fließendem kalten Wasser abspülen und trockentupfen. Mit Salz und Pfeffer würzen, mit Senf bestreichen. Die Kräuter darauf verteilen. Schnitzel von der schmalen Seite her aufrollen und jeweils mit einem Holzstäbchen zusammenstecken.

2 Möhren putzen, schälen, waschen, abtropfen lassen und in Scheiben schneiden.

3 Speiseöl in einer großen Pfanne erhitzen. Die Kräuterrouladen von allen Seiten darin anbraten. Möhrenscheiben hinzugeben. Brühe hinzugießen. Mit Salz und Pfeffer würzen. Rouladen zugedeckt bei mittlerer Hitze 10–15 Minuten garen.

4 Wasser in einem großen Topf mit geschlossenem Deckel zum Kochen bringen. Dann Salz und Nudeln zugeben. Die Nudeln im geöffneten Topf bei mittlerer Hitze nach Packungsanleitung kochen lassen, dabei zwischendurch 4–5-mal umrühren. Anschließend die Nudeln in ein Sieb geben, mit heißem Wasser abspülen und abtropfen lassen.

5 Petersilie abspülen, trockentupfen, die Blättchen von den Stängeln zupfen und fein hacken. Die Nudeln in eine Schüssel geben, mit der Petersilie bestreuen und warm stellen.

6 Kräuterrouladen aus der Pfanne nehmen und ebenfalls warm stellen. Crème fraîche unter die Möhrenscheiben rühren. Mit Salz und Pfeffer abschmecken.

Tipp:

Die Kräuterrouladen können auch mit Hähnchenbrustfilets zubereitet werden.

Filetsteaks mit Tomaten-Bohnen-Gemüse

Zubereitungszeit: 30 Minuten
Für Gäste

600 g TK-Bohnen
gerebeltes Bohnenkraut
etwas Salzwasser
4 Tomaten
4 Rinderfiletsteaks
(je etwa 125 g)
2 TL Speiseöl
Jodsalz
frisch gemahlener Pfeffer
2 TL Kräuterbutter
gerebelter Majoran

4 Scheiben Vollkorntoast

1 Bohnen mit Bohnenkraut in etwas Salzwasser nach Packungsanleitung gar kochen. Bohnen in einem Sieb abtropfen lassen und warm stellen.

2 Tomaten waschen, abtrocknen, halbieren und die Stängelansätze herausschneiden. Tomaten in Achtel schneiden.

3 Filetsteaks unter fließendem kalten Wasser abspülen und trockentupfen. Speiseöl in einer großen Pfanne erhitzen. Filetsteaks von jeder Seite etwa 3 Minuten darin braten. Mit Salz und Pfeffer würzen. Filetsteaks herausnehmen.

4 Kräuterbutter in der Pfanne im verbliebenen Bratfett zerlassen. Tomatenachtel und Bohnen in die Pfanne geben, in der Butter schwenken. Mit Salz, Pfeffer und Majoran würzen.

5 Toastbrot rösten und mit dem Tomaten-Bohnen-Gemüse und Filetsteaks anrichten.

Pro Portion:
Eiweiß: 38,1 g
Fett: 21,7 g
Kohlenhydrate: 21,6 g
kJ: 1825
kcal: 435

Filetsteaks mit Kräuterfüllung

Zubereitungszeit 35 Minuten
Raffiniert - Für Gäste

4 Rinderfiletsteaks
(je etwa 125 g)
½ Zwiebel (etwa 25 g)
2 TL Pflanzenöl
3 EL fein gehackte Kräuter,
z. B. Basilikum oder Petersilie
1 TL mittelscharfer Senf
1 TL geriebener Meerrettich
(aus dem Glas)
1 EL Frischkäse mit Joghurt
200 g Champignons oder
Steinpilze
1 TL Butter
Jodsalz
frisch gemahlener Pfeffer

Pro Portion:
Eiweiß: 35,3 g
Fett: 20,3 g
Kohlenhydrate: 0,9 g
kJ: 1367
kcal: 325

1 Filetsteaks abspülen und trockentupfen. In jedes Steak von der Seite her mit einem scharfen Messer eine Tasche schneiden.

2 Zwiebelhälfte abziehen und in feine Würfel schneiden. 1 Teelöffel von dem Pflanzenöl in einer beschichteten Pfanne erhitzen. Zwiebelwürfel darin andünsten.

3 Basilikum oder Petersilie abspülen und trockentupfen. Die Blättchen von den Stängeln zupfen. Blättchen fein hacken. Senf, Meerrettich, Frischkäse und Kräuter mit den Zwiebelwürfeln mischen. Die Masse in die Fleischeinschnitte (Taschen) geben und verstreichen.

4 Champignons oder Steinpilze putzen, mit Küchenpapier abreiben, evtl. abspülen, trockentupfen und in Scheiben schneiden. Butter in einem Topf zerlassen. Champignon- oder Steinpilzscheiben unter mehrmaligem Wenden darin andünsten. Mit Salz und Pfeffer würzen. Champignon- oder Steinpilzscheiben herausnehmen und warm stellen.

5 Restliches Pflanzenöl in der gesäuberten Pfanne erhitzen. Die Steaks von jeder Seite etwa 3 Minuten darin braten, aus der Pfanne nehmen und zugedeckt etwa 5 Minuten ruhen lassen. Steaks und Champignon- oder Steinpilzscheiben auf Tellern anrichten und sofort servieren.

Beilage: Kartoffel-Kroketten aus dem Backofen.

Rehmedaillons mit Melonenspalten

Zubereitungszeit: 35 Minuten
Etwas teurer - Für Gäste

Zum Vorbereiten:

½ Ogenmelone

1 kleine Birne,

z. B. Williams Christ

300 g Pfifferlinge

1 Zwiebel

1 EL Butter

4 Rehmedaillons

(je etwa 120 g)

2 EL Speiseöl

Jodsalz

frisch gemahlener Pfeffer

Pro Portion:
Eiweiß: 37,2 g
Fett: 9,5 g
Kohlenhydrate: 13,4 g
kJ: 1211
kcal: 288

1 Zum Vorbereiten Melonenhälfte und Birne schälen und entkernen. Das Fruchtfleisch in feine Spalten schneiden und beiseite legen. Pfifferlinge putzen, mit Küchenpapier abreiben, evtl. abspülen und trockentupfen. Zwiebel abziehen und in feine Würfel schneiden.

2 Butter in einer großen Pfanne zerlassen, Zwiebelwürfel und Pfifferlinge darin andünsten, herausnehmen und warm stellen.

3 Rehmedaillons unter fließendem kalten Wasser abspülen und trockentupfen. Speiseöl in der Pfanne erhitzen (zuvor das Bratfett von den Pfifferlingen entfernen). Die Rehmedaillons von jeder Seite 2–3 Minuten darin braten.

4 Rehmedaillons auf vier Teller anrichten. Pfifferlinge darauf verteilen und mit den beiseite gelegten Melonen- und Birnenspalten garniert servieren.

Beilage: Fenchel mit Wildreis.

Paprika-Tomaten-Gemüse

Zubereitungszeit: 35 Minuten
Preiswert

1 Zwiebel
600 g grüne Paprikaschoten
500 g Tomaten
2 EL Olivenöl
gerebelter Thymian
Jodsalz
frisch gemahlener Pfeffer
Paprikapulver, edelsüß
100 ml Wasser

Pro Portion:
Eiweiß: 3,1 g
Fett: 5,7 g
Kohlenhydrate: 8,2 g
kJ: 417
kcal: 99

1 Zwiebel abziehen, halbieren und in kleine Würfel schneiden. Paprikaschoten halbieren, entstielen, entkernen, die weißen Scheidewände entfernen. Schoten waschen und in große Stücke schneiden.

2 Tomaten an der Oberseite kreuzförmig einschneiden, kurze Zeit in kochendes Wasser legen (nicht kochen lassen), in kaltem Wasser abschrecken, enthäuten und Stängelansätze herausschneiden. Tomaten in Achtel teilen (nach Belieben entkernen).

3 Öl in einem Topf erhitzen, Zwiebelwürfel darin glasig dünsten. Paprikastücke hinzugeben. Mit Thymian, Salz, Pfeffer und Paprika würzen. Das Wasser hinzufügen und die Zutaten zugedeckt bei schwacher Hitze etwa 10 Minuten garen.

4 Vor dem Servieren Tomatenachtel untermengen, erhitzen und nochmals abschmecken.

Tipp:

Das Paprika-Tomaten-Gemüse eignet sich sehr gut als Beilage zu kurz gebratenem oder gegrilltem Fleisch oder Fisch.

Gefüllte Auberginen mit Limettenschaum

Zubereitungszeit: 40 Minuten
Raffiniert - Für Gäste - Vegetarisch

2 große Auberginen (je etwa 400 g)
1 große Zwiebel
1 TL Pflanzenöl
100 g Grünkernschrot
Jodsalz
1 TL Currypulver
1 TL Paprikapulver, edelsüß
frisch gemahlener Pfeffer
200 ml Gemüsebrühe
einige Blättchen frische Zitronenmelisse oder Minze
300 ml Vollmilchjoghurt (3,5 % Fett)

Für den Limettenschaum:
2 Eigelb (Größe M)
1 EL Limetten- oder Zitronensaft
1 EL Weißwein
2 EL Wasser

Pro Portion:
Eiweiß: 9,5 g
Fett: 9,2 g
Kohlenhydrate: 24,8 g
kJ: 952
kcal: 226

1 Auberginen waschen, abtrocknen und die Stängelansätze abschneiden. Auberginen der Länge nach halbieren und mit einem Löffel vorsichtig so aushöhlen, dass etwa 1 cm an Boden und Rand stehen bleiben. Auberginenfleisch klein schneiden.

2 Zwiebel abziehen und in feine Würfel schneiden. Pflanzenöl in einem Topf erhitzen. Zwiebelwürfel darin andünsten. Grünkernschrot und Auberginenfleisch hinzufügen und mit andünsten. Mit Salz, Curry, Paprika und Pfeffer würzen. Brühe hinzugießen. Die Zutaten zugedeckt etwa 5 Minuten bei schwacher Hitze garen.

3 Zitronenmelisse oder Minze abspülen und trockentupfen, Blättchen von den Stängeln zupfen und fein schneiden. Joghurt und Kräuter unter die Auberginen-Grünkern-Masse rühren.

4 Die ausgehöhlten Auberginenhälften innen mit Salz und Pfeffer bestreuen, mit der Auberginen-Grünkern-Masse füllen und in eine flache Auflaufform (gefettet) setzen. Die Form auf dem Rost in den Backofen schieben.

Ober-/Unterhitze: etwa 200 °C (vorgeheizt)
Heißluft: etwa 180 °C (nicht vorgeheizt)
Gas: Stufe 3–4 (nicht vorgeheizt)
Garzeit: 35–45 Minuten.

5 Für den Limettenschaum Eigelb, Limetten- oder Zitronensaft, Wein und Wasser in eine Schüssel geben. Die Zutaten mit Schneebesen auf niedrigster Stufe im Wasserbad so lange schlagen, bis die Masse durch und durch schaumig ist (muss sich etwa verdoppeln - nicht kochen lassen!). Mit Salz und Pfeffer würzen.

6 Auberginen aus der Form nehmen und auf einer Platte anrichten. Limettenschaum darüber geben und sofort servieren.

Tipp:

Auch mit einer einfachen, fertig gewürzten Tomatensauce aus dem Glas schmecken die gefüllten Auberginen köstlich. An heißen Tagen können Sie die Auberginen auch mit Tomatensauce schmoren und abgekühlt als Antipasti servieren.

Kohlrabi mit Pilzfüllung

Zubereitungszeit: 55 Minuten
Raffiniert

4 mittelgroße Kohlrabi
250 ml (1/4 l) Gemüsebrühe (Instant)
1 Zwiebel
200 g Champignons
2 TL Pflanzenöl
frisch gemahlener Pfeffer
Saft von 1/2 Zitrone
Jodsalz
1/2 Bund glatte Petersilie
1 Ei
1 EL Crème fraîche

Pro Portion:
Eiweiß: 7,8 g
Fett: 6,5 g
Kohlenhydrate: 8,9 g
kJ: 526
kcal: 126

1 Kohlrabi putzen, schälen, waschen und abtropfen lassen. Brühe in einem weiten Topf zum Kochen bringen. Kohlrabi in der Brühe zugedeckt etwa 20 Minuten garen. Anschließend mit einem Schaumlöffel herausnehmen, Gemüsefond beiseite stellen. Von den Kohlrabi das obere Viertel abschneiden und die Kohlrabi aushöhlen.

2 Das ausgehöhlte Kohlrabifleisch klein schneiden. Zwiebel abziehen und in feine Würfel schneiden. Champignons putzen, mit Küchenpapier abreiben, evtl. abspülen, trockentupfen und würfeln.

3 Speiseöl in einem Topf erhitzen. Zwiebelwürfel darin glasig dünsten. Champignonwürfel und Kohlrabifleisch hinzugeben, unter mehrmaligem Wenden etwa 5 Minuten mitdünsten lassen. Mit Pfeffer, Zitronensaft und Salz würzen.

4 Petersilie abspülen und trockentupfen. Die Blättchen von den Stängeln zupfen. Blättchen fein hacken, zusammen mit dem Ei und Crème fraîche zu der Champignon-Kohlrabi-Masse geben und unterrühren.

5 Die Masse in die ausgehöhlten Kohlrabi füllen und die Kohlrabi nebeneinander in eine flache Auflaufform setzen. Den beiseite gestellten Gemüsefond in die Zwischenräume gießen. Form mit dem Deckel verschließen oder mit Alufolie zudecken.

6 Die Form auf dem Rost in den Backofen schieben.

Ober-/Unterhitze: etwa 200 °C (vorgeheizt)
Heißluft: etwa 180 °C (vorgeheizt)
Gas: Stufe 3–4 (vorgeheizt)
Garzeit: etwa 30 Minuten.

Tipp:
Besonders edel und aromatisch wird dieses Gericht, wenn Sie statt Champignons frische Pfifferlinge verwenden. Als Beilage eignet sich Risotto.

Asiatisches Paprika-Porree-Gemüse

Zubereitungszeit: 30 Minuten
Leicht - Schnell

2 rote Paprikaschoten
(je 200 g)
1 Stange Porree (Lauch)
2 mittelgroße Zucchini
(je 200 g)
200 g Sojabohnensprossen
1 EL (15 g) Speiseöl
1 Knoblauchzehe
frisch gemahlener Pfeffer
1–2 EL Zitronensaft
3–4 EL Sojasauce

1 Paprika halbieren, entstielen, entkernen, die weißen Scheidewände entfernen. Schoten waschen, abtropfen lassen und in kleine Stücke schneiden. Porree putzen, längs halbieren, waschen, abtropfen lassen und in schräge Scheiben schneiden. Von den Zucchini die Enden abschneiden. Zucchini waschen, abtrocknen und in Streifen schneiden. Sojabohnensprossen verlesen, in ein Sieb geben, abspülen und abtropfen lassen.

2 Speiseöl in einer großen Pfanne oder einem Wok erhitzen. Paprikastücke, Porreescheiben und Zucchinistreifen hinzufügen. Die Zutaten unter ständigem Rühren bei starker Hitze in 5–8 Minuten bissfest garen (Die Temperatur muss so hoch sein, dass sich keine Garflüssigkeit bildet). Die Sojabohnensprossen etwa 2 Minuten mitgaren. Knoblauch abziehen, durch eine Knoblauchpresse drücken und unterrühren.

3 Paprika-Porree-Gemüse mit Pfeffer, Zitronensaft und Sojasauce abschmecken und sofort servieren.

Beilage: Körnig gekochter Reis.

Pro Portion:
Eiweiß: 7,2 g
Fett: 5,3 g
Kohlenhydrate: 9,5 g
kJ: 491
kcal: 117

Sellerie mit Tomaten-Kräuter-Sauce

Zubereitungszeit: 45 Minuten, ohne Abkühlzeit
Preiswert

1 Sellerieknolle (etwa 700 g)
etwas Salzwasser
1 Zwiebel
1 Knoblauchzehe
3–5 EL Pflanzenöl
1 Pck. (500 g) passierte Tomaten
Jodsalz
frisch gemahlener Pfeffer
gerebelter Oregano
1 EL fein geschnittener Schnittlauch

175 g Lachsschinken

1 Sellerieknolle putzen, schälen, waschen, abtropfen lassen und in 1/2 cm dicke Scheiben schneiden. Selleriescheiben in wenig leicht gesalzenem Wasser zugedeckt etwa 10 Minuten garen. Anschließend herausnehmen, in einem Sieb abtropfen und etwas abkühlen lassen.

2 Zwiebel und Knoblauch abziehen, in kleine Würfel schneiden. 1 Esslöffel von dem Pflanzenöl in einem kleinen Topf zerlassen. Zwiebel- und Knoblauchwürfel darin glasig dünsten. Tomatenpüree unterrühren. Mit Salz, Pfeffer und Oregano würzen. Die Zutaten einige Minuten leicht kochen lassen.

3 Restliches Pflanzenöl in einer Pfanne erhitzen. Die Selleriescheiben von beiden Seiten darin braten.

4 Schnittlauch abspülen, trockentupfen und in Röllchen schneiden. Selleriescheiben mit Lachsschinken und Tomatensauce anrichten. Mit Schnittlauchröllchen bestreuen.

Pro Portion:
Eiweiß: 12,3 g
Fett: 17,7 g
Kohlenhydrate: 8,1 g
kJ: 1017
kcal: 243

Zarte Zuckerschoten (Foto)

Zubereitungszeit: 20 Minuten
Für Gäste

500 g Zuckerschoten
Salzwasser
1 Bund Kerbel
1 EL Butter oder Margarine
Jodsalz, frisch gemahlener Pfeffer
frisch geriebene Muskatnuss

Pro Portion:
Eiweiß: 5,0 g
Fett: 2,3 g
Kohlenhydrate: 12,5 g
kJ: 389, kcal: 92

1 Von den Zuckerschoten die Enden abschneiden, dabei die Fäden an den Längsseiten mit abziehen. Zuckerschoten waschen und in kochendem Salzwasser zugedeckt bei schwacher Hitze etwa 5 Minuten garen. Die Zuckerschoten sofort mit einer Schaumkelle herausnehmen, in kaltes Wasser geben, herausnehmen und gut abtropfen lassen.

2 Kerbel abspülen, trockentupfen. Die Blättchen von den Stängeln zupfen. Kerbelblättchen grob hacken.

3 Butter oder Margarine zerlassen, Zuckerschoten darin schwenken und den Kerbel zu den Zuckerschoten geben. Mit Salz, Pfeffer und Muskat würzen.

Blattspinat mit Pilzen

Zubereitungszeit: 20 Minuten
Leicht

1,5 kg frischer Blattspinat
2 Zwiebeln, 1 Knoblauchzehe
200 g frische Champignons
2 EL Pflanzenöl
geriebene Muskatnuss oder gemahlener Koriander
frisch gemahlener Pfeffer
Jodsalz

Pro Portion:
Eiweiß: 11,2 g
Fett: 6,3 g
Kohlenhydrate: 4,0 g
kJ: 527, kcal: 124

1 Spinat verlesen, gründlich waschen und abtropfen lassen. Die großen Blätter etwas zerpflücken. Zwiebeln und Knoblauch abziehen, in feine Würfel schneiden. Champignons putzen, mit Küchenpapier abreiben, evtl. abspülen, trockentupfen und in Scheiben schneiden.

2 1 Esslöffel von dem Pflanzenöl in einem breiten Topf erhitzen. Zwiebel- und Knoblauchwürfel darin glasig dünsten. Spinat hinzufügen, unter Rühren etwa 1 Minute gar dünsten und zusammenfallen lassen. Mit Muskat oder Koriander, Pfeffer und Salz würzen.

3 Restliches Pflanzenöl in einer Pfanne erhitzen. Champignonscheiben hinzugeben und bei starker Hitze unter mehrmaligem Wenden etwa 1 Minute dünsten. Mit Muskat oder Koriander, Pfeffer und Salz würzen. Spinat hinzufügen und untermischen, sofort servieren.

Indisches Currygemüse

Zubereitungszeit: 50 Minuten
Vegetarisch

2 Zwiebeln
1 Knoblauchzehe
2 EL Pflanzenöl
200 g braune Tellerlinsen
2 TL mildes Currypulver
750 ml (3/4 l) Gemüsebrühe
2 rote und 1 grüne Paprikaschoten
2–3 EL Weinessig
Jodsalz
frisch gemahlener Pfeffer
1 kleines Stück frische Ingwerwurzel
4 EL Vollmilchjoghurt oder Crème fraîche

Pro Portion:
Eiweiß: 14,7 g
Fett: 4,9 g
Kohlenhydrate: 32,0 g
kJ: 989
kcal: 235

1 Zwiebeln und Knoblauch abziehen und in feine Würfel schneiden.

2 Pflanzenöl in einem Topf erhitzen, Zwiebel- und Knoblauchwürfel darin andünsten. Linsen und Curry hinzufügen, unter Rühren kurz andünsten. Gemüsebrühe hinzugießen und zum Kochen bringen. Linsen etwa 40 Minuten bei schwacher Hitze darin garen.

3 Paprika halbieren, entstielen, entkernen, die weißen Scheidewände entfernen. Die Schoten waschen, abtropfen lassen und in Würfel schneiden. Paprikawürfel zu den Linsen geben und nochmals weitere 10 Minuten garen.

4 Currygemüse mit Essig, Salz, Pfeffer und evtl. noch etwas Curry würzen. Ingwer schälen und auf einer Küchenreibe fein reiben. Das Currygemüse damit bestreuen. Mit Joghurt oder Crème fraîche servieren.

Tipp:
Im Schnellkochtopf zubereitet verringert sich die Garzeit für die Linsen auf etwa 10 Minuten.

Luftige Porree-Quark-Soufflés

Zubereitungszeit: 50 Minuten, ohne Abkühlzeit
Raffiniert

1 kleine Stange Porree (Lauch)
1 TL Pflanzenöl
Thymian oder Majoran, gerebelt
2 Eier (Größe M)
250 g Magerquark
1 EL (10 g) Parmesan-Käse
etwas glatte Petersilie
Jodsalz
frisch gemahlener Pfeffer

Außerdem:
Fett für die Förmchen

Pro Portion:
Eiweiß: 13,1 g
Fett: 8,5 g
Kohlenhydrate: 4,3 g
kJ: 619
kcal: 148

1 Porree putzen, längs halbieren, gründlich waschen und in feine Streifen schneiden. Pflanzenöl in einem Topf erhitzen. Porreestreifen darin andünsten und bissfest garen. Mit Thymian oder Majoran würzen. Porreestreifen abkühlen lassen.

2 Eier trennen. Quark, Käse und Eigelb verrühren. Petersilie abspülen, trockentupfen, die Blättchen von den Stängeln zupfen, Blättchen fein hacken und zusammen mit den Porreestreifen unter die Quarkmasse rühren. Mit Salz und Pfeffer kräftig würzen.

3 Eiweiß sehr steif schlagen und vorsichtig locker (am besten mit einem Teigschaber) unter die Quark-Porree-Masse ziehen.

4 Die Souffléмasse in 4 kleine feuerfeste Förmchen (gefettet, etwa 250 ml [1/4 l] Inhalt) füllen. Die Förmchen auf dem Rost in den Backofen schieben.

Ober-/Unterhitze: etwa 180 °C (vorgeheizt)
Heißluft: etwa 160 °C (vorgeheizt)
Gas: Stufe 2–3 (vorgeheizt)
Backzeit: etwa 30 Minuten.

5 Die Soufflés aus dem Backofen nehmen und sofort servieren.

Tipp:
Soufflémasse vor der Eischneezugabe kräftig würzen. Eiweiß mildert den Geschmack. Soufflés sofort servieren, damit sie nicht zusammenfallen.

Leichte Gemüsesülze

Zubereitungszeit: 65 Minuten, ohne Abkühl- und Gelierzeit
Gut vorzubereiten - Vegetarisch - Für Gäste

12 Blatt weiße Gelatine

2 kleine Zucchini (je 250 g)

500 g Brokkoli

1 Zwiebel

900 ml Gemüsebrühe

Jodsalz

frisch gemahlener Pfeffer

8 EL kräftiger Weißweinessig

1 Prise Zucker

Pro Portion:
Eiweiß: 11,2 g
Fett: 4,7 g
Kohlenhydrate: 8,2 g
kJ: 513
kcal: 121

1 Gelatine in kaltem Wasser nach Packungsanleitung einweichen.

2 Von den Zucchini die Enden abschneiden, die Zucchini waschen, abtrocknen und in feine Würfel schneiden. Vom Brokkoli die Blätter entfernen. Brokkoli in Röschen teilen, dicke Stiele schälen und in feine Würfel schneiden. Brokkoliröschen und -würfel waschen und abtropfen lassen. Zwiebel abziehen und ebenfalls in feine Würfel schneiden.

3 Die Hälfte der Brühe in einem Topf zum Kochen bringen. Zucchini-, Brokkoli-, Zwiebelwürfel und Brokkoliröschen hinzugeben, zugedeckt 3–6 Minuten darin garen. Das Gemüse mit einem Schaumlöffel herausheben, sofort in kaltes Wasser geben, gut abtropfen lassen.

4 Restliche Brühe zum Gemüsekochfond geben, evtl. mit Wasser auf 450 ml ergänzen. Gelatine abtropfen lassen und in der heißen Brühe (nicht kochend) unter Rühren auflösen. Mit Salz, Pfeffer, Essig und Zucker kräftig würzen. Brühe abkühlen, aber nicht fest werden lassen.

5 Etwas von der Brühe in eine Kasten- oder Terrinenform (30 x 11 cm) geben, Gemüse dekorativ verteilen, fest werden lassen. Dann wieder etwas Brühe und etwas Gemüse in die Form geben, usw. Zwischendurch immer wieder in den Kühlschrank stellen. So fortfahren, bis alle Zutaten aufgebraucht sind. Die Form über Nacht in den Kühlschrank stellen.

6 Die fest gewordene Gemüsesülze am Rand vorsichtig mit einem Messer lösen, Sülze auf eine Platte stürzen und in Scheiben schneiden. Nach Belieben mit Kräuterquark oder z. B. einem Senfdressing servieren.

Tipp:

Falls die Brühe zu fest geworden ist, die Brühe wieder leicht erwärmen. Die Gemüsesorten der Sülze können Sie ganz nach Geschmack variieren. Lecker z. B. sind auch Möhren, Erbsen, Zuckerschoten, Blumenkohl oder Fenchel.

Pennini mit Tomatensauce „Primavera“

Zubereitungszeit: 50 Minuten
Für Kinder - Vegetarisch

1 rote Paprikaschote (150 g)
2 Möhren (300 g)
2 Zucchini (400 g)
200 g Zuckerschoten
3 Frühlingszwiebeln
2 EL Olivenöl
1 Pck. stückige Tomaten (375 ml)
Jodsalz
frisch gemahlener Pfeffer
Paprikapulver, edelsüß
gerebelter Oregano

4 l Wasser
4 TL Jodsalz
400 g Pennini (kleine Penne-Nudeln)

fein geschnittener Schnittlauch
2 EL gehackte Petersilie

Pro Portion:
Eiweiß: 18,1 g
Fett: 8,7 g
Kohlenhydrate: 83,5 g
kJ: 2066
kcal: 492

1 Paprika halbieren, entstielen, entkernen, die weißen Scheidewände entfernen. Schote waschen und in Streifen schneiden.

2 Möhren putzen, schälen, waschen und abtropfen lassen. Von den Zucchini die Enden abschneiden. Zucchini waschen und abtrocknen. Möhren und Zucchini in feine Streifen schneiden.

3 Zuckerschoten putzen, dabei evtl. die Fäden an den Längsseiten mit entfernen. Schoten waschen, abtropfen lassen und evtl. halbieren. Frühlingszwiebeln putzen, waschen, abtropfen lassen und in Ringe schneiden.

4 Olivenöl in einem großen Topf erhitzen. Paprika- und Möhrenstreifen hinzufügen, etwa 2 Minuten unter Rühren darin dünsten. Zucchinistreifen, Zuckerschoten und Zwiebelringe ebenfalls hinzugeben und unter mehrmaligem Wenden weitere 5 Minuten dünsten.

5 Tomaten unterrühren. Mit Salz, Pfeffer, Paprika und Oregano würzen. Die Zutaten bei schwacher Hitze etwa 5 Minuten leicht kochen lassen.

6 Wasser in einem großen Topf mit geschlossenem Deckel zum Kochen bringen. Dann Salz und Nudeln zugeben. Die Nudeln im geöffneten Topf bei mittlerer Hitze nach Packungsanleitung kochen lassen, dabei zwischendurch 4–5-mal umrühren. Nudeln in ein Sieb geben, mit heißem Wasser abspülen und abtropfen lassen.

7 Die Gemüsesauce mit den Nudeln vermischen. Die Pennini mit Schnittlauch und Petersilie bestreut servieren.

Tipp:

Die köstliche Sauce passt auch sehr gut zu Vollkornreis.

Pasta mit feinem Gemüse in Kräuter-Rahm-Sauce

Zubereitungszeit: 40 Minuten
Raffiniert - Für Gäste

400 g Champignons
200 g Zuckerschoten
2 TL Butter oder Margarine
Jodsalz
frisch gemahlener Pfeffer
100 ml Gemüsebrühe (Instant)

2 $^{1}/_{2}$ l Wasser
2 $^{1}/_{2}$ TL Jodsalz
250 g Bandnudeln
2 EL Crème fraîche
4 EL gemischte gehackte Kräuter

1 Champignons putzen, mit Küchenpapier abreiben, evtl. kurz abspülen und trockentupfen. Von den Zuckerschoten die Enden abschneiden, dabei evtl. die Fäden an den Längsseiten mit entfernen. Schoten waschen und abtropfen lassen.

2 Butter oder Margarine in einer Pfanne zerlassen. Pilze und Zuckerschoten hinzugeben, unter mehrmaligem Wenden etwa 5 Minuten andünsten. Mit Salz und Pfeffer würzen. Brühe hinzugießen und erhitzen.

3 Wasser in einem großen Topf mit geschlossenem Deckel zum Kochen bringen. Dann Salz und Nudeln zugeben. Die Nudeln im geöffneten Topf bei mittlerer Hitze nach Packungsanleitung kochen lassen, dabei zwischendurch 4–5-mal umrühren. Anschließend die Nudeln in ein Sieb geben, mit heißem Wasser abspülen und abtropfen lassen.

4 Pilze und Zuckerschoten mit Salz und Pfeffer abschmecken. Crème fraîche unterrühren.

5 Nudeln und Kräuter zu den Pilzen und Zuckerschoten geben, untermischen und auf Tellern anrichten.

Tipp:
Servieren Sie dazu in Knoblauchöl gebratene Garnelen oder saftiges Hähnchenfilet in Scheiben.

Pro Portion:
Eiweiß: 12,6 g
Fett: 6,1 g
Kohlenhydrate: 48,5 g
kJ: 1267
kcal: 302

Tagliatelle mit Rotbarsch und Kräutersauce

Zubereitungszeit: 40 Minuten
Leicht

500 g Rotbarschfilet
1 EL Pflanzenöl
Jodsalz
frisch gemahlener Pfeffer

2 l Wasser, 1 Lorbeerblatt
3–4 Salbeiblättchen
250 g Tagliatelle (grüne Bandnudeln)

Für die Sauce:
2 große Zwiebeln
1 gestr. EL Weizenmehl
Saft und etwas abgeriebene Schale von 1 Zitrone (unbehandelt)
200 ml Gemüsebrühe (Instant)
200 ml fettarme Milch
Paprikapulver, edelsüß
1 Prise Zucker
etwas frischer Dill, Zitronenmelisse und Kerbel

Pro Portion:
Eiweiß: 33,5 g
Fett: 10,4 g
Kohlenhydrate: 48,1 g
kJ: 1778
kcal: 423

1 Rotbarschfilet unter fließendem kalten Wasser abspülen, trockentupfen und in etwa 2 x 2 cm große Würfel schneiden.

2 Pflanzenöl in einer großen Pfanne erhitzen. Fischfiletwürfel unter Wenden von allen Seiten darin kurz knusprig braten. Mit Salz und Pfeffer würzen. Fischfiletwürfel herausnehmen und warm stellen.

3 Wasser, Lorbeerblatt und Salbeiblättchen in einem großen Topf mit geschlossenem Deckel zum Kochen bringen. Dann Salz und Nudeln zugeben. Die Nudeln im geöffneten Topf bei mittlerer Hitze nach Packungsanleitung kochen lassen, dabei zwischendurch 4–5-mal umrühren. Anschließend die Nudeln in ein Sieb geben. Nudeln mit heißem Wasser übergießen und abtropfen lassen. Nudeln warm stellen.

4 Für die Sauce Zwiebeln abziehen, halbieren und in Würfel schneiden. Zwiebelwürfel in dem verbliebenen Fisch-Bratfett glasig dünsten. Mehl darüber stäuben. Zitronensaft, -schale, Gemüsebrühe und Milch hinzugeben. Mit Salz, Pfeffer, Paprika und Zucker würzen. Die Sauce zum Kochen bringen, etwa 2 Minute kochen lassen.

5 Dill, Melisse und Kerbel abspülen, trockentupfen und hacken. Kräuter unter die Sauce rühren. Mit Salz, Pfeffer und evtl. etwas Zucker abschmecken.

6 Die Nudeln mit der Sauce mischen und nochmals kurz erwärmen. Nudeln und Fischfiletstückchen auf Tellern anrichten. Sofort servieren.

Tipp:

Dazu Feldsalat mit Tomaten servieren.

Bunte Nudel-Eier-Pfanne

Zubereitungszeit: 30 Minuten
Preiswert - Für Kinder

2 1/2 l Wasser
2 1/2 TL Jodsalz
250 g bunte Nudeln, z. B Spirelli
je 2 rote und grüne Paprikaschoten
2 Eier (Größe M)
4 EL Milch
Jodsalz
frisch gemahlener Pfeffer
Paprikapulver, edelsüß
2 TL Speiseöl

Pro Portion:
Eiweiß: 14,2 g
Fett: 8,5 g
Kohlenhydrate: 49,2 g
kJ: 1404
kcal: 334

1 Wasser in einem großen Topf mit geschlossenem Deckel zum Kochen bringen. Dann Salz und Nudeln zugeben. Die Nudeln im geöffneten Topf bei mittlerer Hitze nach Packungsanleitung kochen lassen, dabei zwischendurch 4–5-mal umrühren.

2 Anschließend die Nudeln in ein Sieb geben, mit heißem Wasser abspülen und abtropfen lassen.

3 Paprika halbieren, entstielen, entkernen, die weißen Scheidewände entfernen. Die Schoten waschen, trockentupfen und in Streifen schneiden. Eier und Milch verschlagen. Mit Salz, Pfeffer und Paprika würzen.

4 Speiseöl in einer großen Pfanne erhitzen. Paprikastreifen unter mehrmaligem Wenden etwa 2 Minuten darin dünsten. Nudeln hinzufügen. Die Eiermilch gleichmäßig darüber gießen. Die Masse bei schwacher Hitze stocken lassen. Sofort servieren.

Beigabe:
Tomatenketchup oder eine fertige Tomatenauce aus der Packung.

Tipp:
Eine köstliche Variante: Statt Paprikastreifen Brokkoliröschen verwenden. Diese zuvor etwa 2 Minuten in wenig Wasser andünsten.

Spaghetti al Tonno

Zubereitungszeit: 55 Minuten
Leicht

2 Zwiebeln
1 Knoblauchzehe
2 TL Olivenöl
100 ml Gemüsebrühe (Instant)
2 gestr. EL Tomatenmark
1 Lorbeerblatt
1 Pck. stückige Tomaten (Einwaage 500 g)
Jodsalz
frisch gemahlener Pfeffer
gerebelter Majoran
1 geh. TL Paprikapulver, edelsüß

3 l Wasser
3 TL Jodsalz
300 g Vollkornspaghetti

2 Dosen Tunfisch, naturell (Abtropfgewicht 150 g)
1 EL gehackte Petersilie

Pro Portion:
Eiweiß: 27,2 g
Fett: 16,4 g
Kohlenhydrate: 56,3 g
kJ: 2035
kcal: 485

1 Zwiebeln und Knoblauch abziehen und in feine Würfel schneiden. Olivenöl in einem Topf erhitzen. Zwiebel- und Knoblauchwürfel darin glasig dünsten. Gemüsebrühe hinzugießen.

2 Tomatenmark, Lorbeerblatt und stückige Tomaten unterrühren. Mit Salz, Pfeffer, Majoran und Paprika würzen. Die Zutaten bei mittlerer Hitze vorsichtig (ohne Deckel) etwa 5 Minuten sämig einkochen lassen.

3 Wasser in einem großen Topf mit geschlossenem Deckel zum Kochen bringen. Dann Salz und Spaghetti zugeben. Die Spaghetti im geöffneten Topf bei mittlerer Hitze nach Packungsanleitung kochen lassen, dabei zwischendurch 4–5-mal umrühren.

4 Anschließend die Spaghetti in ein Sieb geben, mit heißem Wasser abspülen und abtropfen lassen.

5 Tunfisch abtropfen lassen, mit einer Gabel zerpflücken und unter die Sauce rühren. Die Sauce mit Salz, Pfeffer, Majoran und Paprika abschmecken. Petersilie abspülen, trockentupfen, die Blättchen von den Stängeln zupfen, fein hacken und unterheben.

6 Spaghetti mit der Tunfisch-Sauce vermischen und sofort servieren.

Tipp:
Dazu einen Eisbergsalat servieren.

Bandnudeln mit italienischem Bohnengemüse

Zubereitungszeit: 45 Minuten
Raffiniert

500 g grüne Bohnen
etwas Salzwasser

4 l Wasser
4 TL Jodsalz
400 g Bandnudeln

75 g getrocknete Tomaten
(ital. Feinkostladen)
3 Knoblauchzehen
1 EL Olivenöl
100 ml Gemüsebrühe
(Instant)
Jodsalz
frisch gemahlener
schwarzer Pfeffer
1 Bund Basilikum

1 Von den Bohnen die Enden abschneiden. Die Bohnen evtl. abfädeln, waschen, abtropfen lassen und in Stücke schneiden. Bohnen in wenig kochendem Salzwasser 10–15 Minuten garen. Anschließend in einem Sieb abtropfen lassen.

2 Wasser in einem großen Topf mit geschlossenem Deckel zum Kochen bringen. Dann Salz und Bandnudeln zugeben. Die Bandnudeln im geöffneten Topf bei mittlerer Hitze nach Packungsanleitung kochen lassen, dabei zwischendurch 4–5-mal umrühren. Anschließend die Bandnudeln in ein Sieb geben, mit heißem Wasser abspülen und abtropfen lassen.

3 Tomaten in Streifen schneiden. Knoblauch abziehen und in Scheiben schneiden. Olivenöl in einer großen Pfanne erhitzen. Tomatenstreifen und Knoblauchscheiben darin andünsten. Brühe hinzugießen. Nudeln und Bohnen hinzufügen, nochmals kurz erhitzen. Mit Salz und Pfeffer abschmecken.

4 Basilikum abspülen und trockentupfen. Die Blättchen von den Stängeln zupfen, in Streifen schneiden und unterheben. Nudeln mit Bohnengemüse auf Tellern anrichten und sofort servieren.

Tipp:

Statt getrockneter Tomaten können Sie auch 2 mittelgroße Fleischtomaten verwenden. Dann Tomaten waschen, abtropfen lassen, kreuzweise einschneiden und einige Sekunden in kochendes Wasser legen. Tomaten kurz in kaltes Wasser legen, enthäuten, halbieren, entkernen, Stängelansätze herausschneiden. Fruchtfleisch in Streifen schneiden.

Pro Portion:
Eiweiß: 15,8 g
Fett: 6,1 g
Kohlenhydrate: 73,9 g
kJ: 1753
kcal: 418

Fleckerln mit Weißkraut

Zubereitungszeit: 40 Minuten
Preiswert - Vollwert

1 kleiner Kopf Weißkohl
(etwa 600 g)
2 EL Butter
Jodsalz
frisch gemahlener weißer Pfeffer
frisch geriebene Muskatnuss
5–6 EL Wasser

4 l Wasser
4 TL Jodsalz
600 g Vollkornbandnudeln

1 Weißkohl putzen und vierteln. Den Strunk herausschneiden. Weißkohl waschen, gut abtropfen lassen und in breite Streifen schneiden.

2 1 Esslöffel von der Butter in einem großen Topf zerlassen. Weißkohlstreifen unter Rühren darin andünsten. Mit Salz, Pfeffer und Muskat würzen. Wasser hinzufügen. Die Zutaten zugedeckt bei mittlerer Hitze etwa 25 Minuten dünsten.

3 Wasser in einem großen Topf mit geschlossenem Deckel zum Kochen bringen. Dann Salz und Bandnudeln zugeben. Die Nudeln im geöffneten Topf bei mittlerer Hitze nach Packungsanleitung kochen lassen, dabei zwischendurch 4–5-mal umrühren.

4 Anschließend die Bandnudeln in ein Sieb geben, mit heißem Wasser abspülen und abtropfen lassen.

5 Restliche Butter zerlassen. Bandnudeln und Weißkohlstreifen darin schwenken, sofort servieren.

Pro Portion:
Eiweiß: 15,2 g
Fett: 5,7 g
Kohlenhydrate: 78,6 g
kJ: 1812
kcal: 432

Apfel-Zwiebel-Rösti

Zubereitungszeit: 30 Minuten
Für Gäste - Preiswert

200 g Zwiebeln
800 g fest kochende Kartoffeln
1 Apfel (150 g)
1 Ei
1 EL gerebelter Majoran
frisch geriebene Muskatnuss
frisch gemahlener Pfeffer
Jodsalz
4 EL Pflanzenöl

1 Zwiebeln abziehen, halbieren und in feine Würfel schneiden. Kartoffeln waschen, schälen, abspülen und abtropfen lassen. Apfel schälen, vierteln und entkernen.

2 Kartoffeln und Apfel auf einer Haushaltsreibe grob raspeln. Zwiebelwürfel und Ei untermengen. Mit Majoran, Muskat, Pfeffer und Salz würzen.

3 Etwas Pflanzenöl in in einer großen beschichteten Pfanne erhitzen. Je 1 Esslöffel von der Zwiebel-Kartoffel-Apfel-Masse hineingeben und von jeder Seite bei schwacher Hitze etwa 3 Minuten goldgelb braten, auf Haushaltspapier legen und trockentupfen.

Tipp:

Für große Rösti je ¼ der Masse in eine Pfanne geben und etwa 10 Minuten braten. Zum Wenden den Rösti aus der Pfanne auf einen flachen großen Deckel gleiten lassen, mit einem Teller bedecken und umdrehen. Dann wieder vorsichtig in die Pfanne zurückgleiten lassen. Sehr gut zu den Rösti schmecken gebratene Champignons und kurz gebratenes Fleisch, z. B. Schweinefilet.

Pro Portion:
Eiweiß: 6,8 g
Fett: 12,2 g
Kohlenhydrate: 36,5 g
kJ: 1202
kcal: 287

Kartoffel-Spinat-Gratin

Zubereitungszeit: 30 Minuten, ohne Auftauzeit
Gut vorzubereiten - Preiswert

450 g TK-Blattspinat
Jodsalz
frisch gemahlener Pfeffer
frisch geriebene Muskatnuss
1 kg fest kochende Kartoffeln
125 ml ($^1/_8$ l) Milch (3,5 % Fett)
125 ml ($^1/_8$ l) Gemüsebrühe (Instant)
1 Bund Schnittlauch
1 Kugel (125 g) Mozzarella

Pro Portion:
Eiweiß: 14,2 g
Fett: 8,4 g
Kohlenhydrate: 31,9 g
kJ: 1126
kcal: 268

1 Blattspinat auftauen lassen (evtl. in der Mikrowelle), mit Salz, Pfeffer und Muskat würzen. Kartoffeln waschen, schälen, abspülen und in feine Scheiben schneiden. Kartoffelscheiben dachziegelartig in eine flache Auflaufform schichten, dazwischen den Spinat geben. Mit Salz, Pfeffer und Muskat würzen.

2 Milch mit Brühe in einem kleinen Topf verrühren und erhitzen, über die Kartoffelscheiben und den Spinat gießen. Die Form auf dem Rost in den Backofen schieben.

Ober-/Unterhitze: etwa 200 °C (vorgeheizt)
Heißluft: etwa 180 °C (nicht vorgeheizt)
Gas: Stufe 3–4 (nicht vorgeheizt)
Garzeit: etwa 50 Minuten.

3 Schnittlauch abspülen, trockentupfen und in feine Röllchen schneiden. Käse abtropfen lassen und in kleine Würfel schneiden. Schnittlauchröllchen mit den Käsewürfeln mischen und nach der Hälfte der Garzeit auf dem Gratin verteilen.

Tipp:
Aus diesem Gratin wird schnell eine vollwertige Mahlzeit für 4 Personen, wenn Sie mit den Kartoffeln etwa 500 g vorbereitetes Gemüse (z. B. Brokkoli, Zucchini, Tomaten oder Paprika) in der Form garen. Statt Mozzarella können Sie auch 3 Esslöffel fein gerieben Parmesan- oder alten Gouda-Käse über das Gratin streuen. Das Gratin bekommt dadurch einen herzhafteren Geschmack.

Möhren-Kartoffelpüree (Foto)

Zubereitungszeit: 40 Minuten
Preiswert

700 g Möhren
500 g Kartoffeln
Salzwasser
100 g saure Sahne
(10 % Fett), Jodsalz
frisch gemahlener Pfeffer
frisch geriebene Muskatnuss
2 EL gehackte glatte Petersilie

Pro Portion:
Eiweiß: 4,3 g
Fett: 2,9 g
Kohlenhydrate: 22,6 g
kJ: 576, kcal: 138

1 Möhren und Kartoffeln schälen, waschen, abspülen und in Würfel schneiden. Möhren- und Kartoffelwürfel zugedeckt in Salzwasser zum Kochen bringen, 10–15 Minuten garen und abtropfen lassen (etwas von der Kochflüssigkeit auffangen).

2 Möhren- und Kartoffelwürfel pürieren. Saure Sahne hinzugeben und unterrühren. Mit Salz, Pfeffer und Muskat würzen, evtl. etwas von der Kochflüssigkeit unterrühren.

3 Petersilie abspülen, trockentupfen, fein hacken und unter das Püree rühren.

Tipp:

Möhren-Kartoffelpüree schmeckt gut als Beilage zu gebratenem Fleisch oder Fisch.

Frühlings-Kartoffelpüree

Zubereitungszeit: 25 Minuten
Schnell

1 kg mehlig kochende
Kartoffeln, 1 Bund Kerbel
Salzwasser, 200 ml Vollmilch
300 g TK-Erbsen, etwas Wasser
Jodsalz, Muskatnuss
2 EL Butter oder Margarine
frisch gemahlener Pfeffer

Pro Portion:
Eiweiß: 24 g
Fett: 7,3 g
Kohlenhydrate: 64,5 g
kJ: 1799, kcal: 429

1 Kartoffeln waschen, schälen, abspülen und zugedeckt in Salzwasser zum Kochen bringen. In 20–25 Minuten gar kochen lassen, abgießen und abdämpfen. Kartoffeln sofort durch eine Kartoffelpresse geben oder fein zerstampfen. Milch erhitzen und unterrühren.

2 In der Zwischenzeit Erbsen zugedeckt in etwas Wasser mit Salz nach Packungsanleitung gar dünsten. Erbsen in einem Sieb abtropfen lassen. Butter zu den Erbsen geben und schmelzen lassen.

3 Buttererbsen unter das Püree rühren. Mit Salz, Muskat und Pfeffer würzen.

4 Kerbel abspülen und trockentupfen. Die Blättchen von den Stängeln zupfen und fein schneiden. Das Frühlings-Kartoffelpüree vor dem Servieren mit Kerbel anrichten.

Basilikum-Tomaten-Reis

Zubereitungszeit: 45 Minuten
Raffiniert - Leicht

2 Zwiebeln
2 TL Speiseöl
250 g Naturreis
400 ml Gemüsebrühe (Instant)
1 kleine Dose stückige Tomaten (Einwaage 425 g)
Paprikapulver, edelsüß
frisch gemahlener Pfeffer
1 Bund Basilikum

Pro Portion:
Eiweiß: 5,5 g
Fett: 4,0 g
Kohlenhydrate: 48,8 g
kJ: 1078
kcal: 257

1 Zwiebeln abziehen und in feine Würfel schneiden. Speiseöl in einem Topf erhitzen, Zwiebelwürfel darin glasig dünsten. Reis hinzugeben und unter Rühren kurz mit andünsten.

2 Brühe und Tomatenstücke hinzugeben. Mit Paprika und Pfeffer würzen. Den Reis zugedeckt bei schwacher Hitze 35–40 Minuten nach Packungsanleitung garen.

3 Basilikum abspülen und trockentupfen. Die Blättchen von den Stängeln zupfen. Basilikumblättchen klein schneiden und vor dem Servieren unter den Reis heben.

Tipp:

Der fertige Tomaten-Reis lässt sich portionsweise sehr gut einfrieren. Zum Servieren Tomaten-Reis auftauen lassen und kurz in wenig Fett erhitzen. Basilikum-Tomaten-Reis passt gut zu kurz gebratenem oder gegrilltem Fleisch.

Amaretti-Pfirsiche

Zubereitungszeit: 20 Minuten, ohne Abkühlzeit
Raffiniert - Für Gäste - Gut vorzubereiten

4 reife Pfirsiche
1 Zitrone (unbehandelt)
1 Vanilleschote
200 ml halbtrockener Weißwein oder Traubensaft
75 ml Wasser
1 EL Zucker
einige Blättchen frische Minze
200 g frische Himbeeren oder Johannisbeeren
4 TL Crème fraîche

etwa 8 kleine italienische Mandelkekse (Amaretti)

Pro Portion:
Eiweiß: 3,5 g
Fett: 4,9 g
Kohlenhydrate: 25,5 g
kJ: 757
kcal: 180

1 Pfirsiche waschen, kurze Zeit in kochendes Wasser legen (nicht kochen lassen), in kaltem Wasser abschrecken und enthäuten. Pfirsiche halbieren und entsteinen.

2 Zitrone gründlich abspülen, trockenreiben und in Scheiben schneiden. Vanilleschote längs aufschneiden.

3 Wein oder Saft, Wasser, Zucker, Vanilleschote und Zitronenscheiben in einem breiten Topf zum Kochen bringen. Pfirsichhälften hinzugeben, kurz aufkochen lassen und von der Kochstelle nehmen. Minze abspülen, trockentupfen, in Streifen schneiden und in den Weinsud geben. Pfirsiche im Weinsud erkalten lassen.

4 Himbeeren verlesen oder Johannisbeeren waschen, abtropfen lassen und entstielen. Pfirsichhälften aus dem Weinsud nehmen und abtropfen lassen.

5 Pfirsichhälften mit Himbeeren oder Johannisbeeren auf Tellern anrichten. Jeweils einen Teelöffel Crème fraîche darauf geben.

6 Amaretti in einen Gefrierbeutel geben, Beutel fest verschließen. Amaretti mit einer Teigrolle zerbröseln. Die Pfirsichhälften mit den Amarettibröseln bestreuen. Sofort servieren.

Tipp:

Die Pfirsichhälften können schon am Tag vorher zubereitet werden.

Mohnsoufflé mit Mangopüree

Zubereitungszeit: 45 Minuten
Raffiniert

Für das Mohnsoufflé:

4 Eigelb (Größe M)

1 EL Zucker

3 Pck. Bourbon-Vanille-Zucker

1/2 TL gemahlener Zimt

abgeriebene Schale von 1/2 Zitrone (unbehandelt)

100 g Blaumohn

25 g Weizenmehl

50 g abgezogene, gemahlene Mandeln

1 mittelgroßer, säuerlicher Apfel (etwa 150 g)

2 EL Rum

8 Eiweiß (Größe M)

1 Prise Salz

Für das Mangopüree:

1 reife Mango (300–400 g)

Pro Portion:
Eiweiß: 20,2 g
Fett: 24,7 g
Kohlenhydrate: 26,8 g
kJ: 1767
kcal: 422

1 Für das Soufflé Eigelb, Zucker, 2 Päckchen Vanille-Zucker, Zimt und Zitronenschale in eine Rührschüssel geben. Die Zutaten mit Handrührgerät mit Rührbesen auf höchster Stufe sehr schaumig schlagen. Mohn, gesiebtes Mehl und Mandeln sorgfältig mischen, auf die Schaummasse geben und mit einem Schneebesen vorsichtig unterheben.

2 Apfel schälen, vierteln, entkernen und grob raspeln. Mit Rum vermischen. Eiweiß mit 1 Päckchen Vanille-Zucker und Salz steif schlagen. Eischnee und den geraspelten Apfel ebenfalls unter die Schaummasse heben.

3 Die Masse in 8 kleine Auflaufförmchen (gefettet, etwa 125 ml Inhalt) füllen. Die Förmchen auf dem Rost in den Backofen schieben.

Ober-/Unterhitze: etwa 180 °C (vorgeheizt, untere Einschubleiste)
Heißluft: etwa 160 °C (vorgeheizt)
Gas: Stufe 2–3 (vorgeheizt)
Backzeit: 20–30 Minuten.

4 Für das Mangopüree Mango halbieren, Fruchtfleisch vom Stein schneiden, Mango schälen und fein pürieren. Mangopüree auf 4 Dessertteller verteilen.

5 Die Soufflés vorsichtig aus den Förmchen lösen und je 2 Soufflés auf je einen Teller stürzen. Sofort servieren.

Tipp:
Die Soufflés mit Puderzucker bestäuben.

Apfel-Trauben-Gelee (Foto)

Zubereitungszeit: 20 Minuten, ohne Kühlzeit
Gut vorzubereiten

6 Blatt weiße Gelatine
500 ml (1/2 l) Apfelsaft, naturrein
je 200 g blaue und grüne Weintrauben
16 kleine Zitronenmelisseblättchen

Pro Portion:
Eiweiß: 3,2 g
Fett: 0,7 g
Kohlenhydrate: 30,0 g
kJ: 604
kcal: 145

1 Gelatine in kaltem Wasser nach Packungsanleitung einweichen, leicht ausdrücken. Etwas Apfelsaft leicht erwärmen, Gelatine unter Rühren vollständig darin auflösen. Dann restlichen Apfelsaft hinzugießen und gut verrühren, abkühlen lassen, bis der Apfelsaft anfängt zu gelieren.

2 Weintrauben abspülen, abtropfen lassen, entstielen, halbieren oder vierteln und entkernen. Melisseblättchen abspülen und trockentupfen. Angerührten Apfelsaft, Melisseblättchen und Weintrauben in 4 Dessertgläser verteilen. Etwa 3 Stunden kalt stellen, bis der Apfelsaft fest geworden ist.

Tipp:

Apfel-Trauben-Gelee schmeckt auch köstlich als Variation zubereitet mit exotischen Fruchtsäften, z. B. Maracuja- oder Mangosaft. Dazu eine Vanillesauce aus fettarmer Milch zubereitet servieren.

Zitronen-Buttermilch-Gelee

Zubereitungszeit: ca. 20 Minuten, ohne Kühlzeit
Gut vorzubereiten

6 Blatt weiße Gelatine
3 Vollkorn-Butterkekse
Saft von 1 1/2 Zitronen
etwa 1/8 Zuckermelone (etwa 175 g Fruchtfleisch; z. B. Charentais)

1 Gelatine in kaltem Wasser nach Packungsanweisung einweichen. Kekse in einen Gefrierbeutel füllen, Beutel fest verschließen. Kekse mit einer Teigrolle fein zerbröseln.

2 Keksbrösel in 4 schmale Dessertschälchen (mit Speiseöl bestrichen, 175 ml Inhalt) oder große Kaffeetassen (mit Speiseöl bestrichen) geben und andrücken.

3 Melone schälen, entkernen. Melonenfruchtfleisch in feine Würfel schneiden und auf den Keksbröseln verteilen.

(Fortsetzung Seite 116)

500 ml Buttermilch

3–4 EL Zucker

1 TL gesiebter Puderzucker

etwas frische Zitronenmelisse

Pro Portion:
Eiweiß: 6,8 g
Fett: 1,3 g
Kohlenhydrate: 25,1 g
kJ: 619, kcal: 148

4 Zitronensaft mit Buttermilch verrühren. Zucker unterrühren. Die leicht ausgedrückte Gelatine in einem kleinen Topf unter Rühren erwärmen (nicht kochen), bis sie völlig gelöst ist, leicht abkühlen lassen. Gelatine mit etwas von der Zitronen-Buttermilch verrühren. Dann die angerührte Gelatine mit Handrührgerät mit Rührbesen unter die restliche Zitronen-Buttermilch rühren.

5 Die Zitronen-Buttermilch vorsichtig in die Schälchen bzw. Tassen füllen. Mit Folie zugedeckt etwa 4 Stunden kalt stellen, bis die Zitronen-Buttermilch fest geworden ist.

6 Die Schälchen vor dem Servieren kurz in heißes Wasser tauchen. Zitronen-Buttermilch-Gelee auf Teller stürzen. Melisse abspülen und trockentupfen. Zitronen-Buttermilch-Gelee mit Puderzucker bestäuben und mit Melisseblättchen garnieren.

Orangen-Kokos-Tiramisu

Zubereitungszeit: 30 Minuten, ohne Kühlzeit
Raffiniert - Schnell - Für Gäste

3 Orangen

100 g Kokoszwiebäcke

evtl. 2 EL Orangenlikör

400 g Magerquark

2 EL Zucker

1 Eiweiß (Größe M)

1 Pck. Vanillin-Zucker

evtl. etwas gemahlener Zimt

Pro Portion:
Eiweiß: 15,2 g
Fett: 0,4 g
Kohlenhydrate: 17,9 g
kJ: 599
kcal: 143

1 Eine Orange so dick mit einem Messer abschälen oder die Schale so abschneiden, dass auch die weiße Haut ganz entfernt wird. Dann das Fruchtfleisch mit einem scharfen Messer von einer Trennhautseite abschneiden und von der anderen Seite abziehen oder auch abschneiden, so dass die Trennhäute stehen bleiben. Dabei den Saft in einer Schüssel auffangen. Fruchtfleisch klein schneiden. Restliche Orangen auspressen.

2 Zwiebäcke in eine flache Auflaufform legen. Mit etwa der Hälfte des Orangensaftes und evtl. Likör beträufeln. Orangenstückchen darauf verteilen.

3 Quark mit dem restlichen Orangensaft und Zucker glatt rühren. Eiweiß und Vanillin-Zucker steif schlagen. Eischnee locker unter den Quark heben. Die Quarkcreme gleichmäßig auf den Zwiebäcken verstreichen. Orangen-Kokos-Tiramisu zugedeckt etwa 1 Stunde kalt stellen. Vor dem Servieren evtl. mit etwas Zimt bestäuben.

Tipp:

Für die Creme nur ganz frisches Eiweiß verwenden, das nicht älter als 5 Tage ist (Legedatum beachten!). Fertiges Tiramisu im Kühlschrank aufbewahren und möglichst frisch verzehren.

Beeren mit Orangen-Quark-Creme

Zubereitungszeit: 15 Minuten, ohne Auftauzeit
Schnell

600 g frische Beeren nach Wahl oder TK-Beeren
400 g Magerquark
150 ml frisch gepresster Orangensaft (etwa 1–2 Orangen)
flüssiger Süßstoff oder Zucker

Pro Portion:
Eiweiß: 15,8 g
Fett: 0,75 g
Kohlenhydrate: 14,5 g
kJ: 598
kcal: 143

1 Beeren verlesen, evtl. abspülen und abtropfen lassen. TK-Beeren nach Packungsanleitung auftauen lassen. Beeren auf 4 Tellern anrichten.

2 Quark und Orangensaft verrühren, mit etwas Süßstoff oder Zucker süßen. Orangen-Quark-Creme auf den Beeren verteilen.

Tipp:
Extra locker und luftig wird der Quark, wenn Sie ein bis zwei frische, gut gekühlte Eiweiß steif schlagen und locker unter den angerührten Quark heben.

Luftiger Apfelgrieß mit Mandelsplittern

Zubereitungszeit: 25 Minuten
Leicht

500 ml Milch (½ l) Milch
50 g Hartweizengrieß
1 Prise Salz
2 EL Zucker
1 Prise gemahlener Zimt
1 frisches Eiweiß (Größe M)

1 Milch mit Salz, Zucker und Zimt in einem Topf zum Kochen bringen. Grieß hineinstreuen und unter Rühren ausquellen lassen (ausgeschaltet 5–10 Minuten). Grieß etwas abkühlen lassen.

2 Eiweiß steif schlagen und unterheben. Äpfel schälen, halbieren, entkernen und grob raspeln, mit Zitronensaft mischen und unter den Grieß ziehen.

(Fortsetzung Seite 120)

2 Äpfel (etwa 200 g)

2 EL Zitronensaft

1 1/2 EL abgezogene, gestiftelte Mandeln

Pro Portion:
Eiweiß: 7,1 g
Fett: 6,7 g
Kohlenhydrate: 25,5 g
kJ: 193
kcal: 807

3 Den Apfelgrieß auf 4 Desserttellern anrichten. Mandeln in einer Pfanne ohne Fett goldbraun rösten und über den Grieß streuen. Sofort servieren.

Tipp:

Anstelle von geraspelten Äpfeln kann auch Apfelmus verwendet werden. Für den Apfelgrieß nur ganz frisches Eiweiß verwenden, das nicht älter als 5 Tage ist (Legedatum beachten!).

Frozen Joghurt mit Knusper-Krokant

Zubereitungszeit: 20 Minuten, ohne Gefrierzeit
Einfach - Raffiniert

400 g blaue Weintrauben

500 g Vollmilchjoghurt mit Vanille-Geschmack

2 frische Eiweiß (Größe M)

3 EL Zucker

2 EL kernige Haferflocken

2 EL gehackte Haselnusskerne

Außerdem:

Alufolie

Pro Portion:
Eiweiß: 6,4 g
Fett: 5,1 g
Kohlenhydrate: 47,6 g
kJ: 1130
kcal: 269

1 Weintrauben abspülen, abtropfen lassen, halbieren und entkernen. Weintraubenhälften nebeneinander auf eine Platte legen und im Gefrierschrank anfrieren lassen.

2 Joghurt glatt rühren. Eiweiß mit 1 Teelöffel von dem Zucker steif schlagen und unter den Joghurt heben. Die Joghurtmasse in eine gefriergeeignete Schüssel füllen und zugedeckt im Gefrierschrank anfrieren lassen. Dabei gelegentlich mit einem Schneebesen durchrühren. Sobald der Joghurt zu gefrieren beginnt, die angefrorenen Weintraubenhälften unterheben.

3 Restlichen Zucker in einer beschichteten Pfanne unter Rühren bei mittlerer Hitze karamellisieren lassen. Haferflocken und Haselnusskerne hinzugeben und unterrühren. Die Krokantmasse auf ein mit Speiseöl bestrichenes Stück Alufolie geben und verstreichen, erkalten lassen.

4 Frozen-Joghurt in Schälchen verteilen. Knusper-Krokant in Stückchen brechen und darüber streuen. Sofort servieren.

Tipp:

Wer noch einige Kalorien einsparen möchte, verwendet einen fettarmen Joghurt. Für den Frozen-Joghurt nur ganz frische Eier verwenden, die

Ratgeber

Fettarm kochen – die neue leichte Küche für jeden Tag

Frisch, leicht und abwechslungsreich, gesund und appetitlich – so soll zeitgemäße moderne Ernährung heute sein. Täglich für sich und/oder seine Familie zu kochen und stets neue raffinierte Gerichte aufzutischen, ist da nicht immer einfach.

Deshalb haben wir für Sie in diesem Buch Rezeptideen zusammengestellt, die vor allem eins sind: leicht – und das gleich im doppelten Sinne!
Denn die in der Dr. Oetker-Versuchsküche erprobten Gerichte sind nicht nur einfach und unkompliziert zu kochen, sie werden zudem mit ganz besonders wenig Fett zubereitet.
So helfen sie Ihnen gesund und mit Genuss in Form zu bleiben, jeden Tag!
Genau richtig für alle, die sich ausgewogen ernähren möchten und die moderne leichte Art zu kochen lieben.

Ob knackiger Salat, leckerer Snack, Nudeln, leichtes Hauptgericht oder raffinierte Dessert-Kreation – das solche Rezepte nicht aufwändig sein müssen und trotzdem auch echte Feinschmecker überzeugen können, beweisen wir Ihnen auf den folgenden Seiten.

Leichte Küche heißt: Fett sparen! Beim Einkaufen geht es los

Wer mit Köpfchen einkauft und zudem pfiffige Tricks für die leichte Küche parat hat, für den wird fettarmes Garen zum Kinderspiel.
Es gibt viele Möglichkeiten, bereits beim Einkauf Produkte mit weniger Fett zu wählen. Wenn sie diese dann einfach in Ihren Lieblings-Rezepten verwenden und gegen fettreiche austauschen, haben Sie im Handumdrehen bei jeder Zubereitung schon reichlich Fett – und damit überflüssige Kalorien – eingespart. Oft ist es nur ein Blick auf die Zutatenliste und die Nährwertangaben, schon haben Sie die Möglichkeit lieber „Leichtes" statt Fettreiches mit nach Hause zu nehmen. Der erste Schritt zur genussvollen modernen Küche.
Hier ein paar Tipps, wie Sie Ihren Einkaufskorb „erleichtern":

Fleisch und Wurst

Gerade bei Fleisch ist es häufig recht einfach, überflüssiges Fett zu vermeiden. Denn Fett ist beim Fleisch gut sichtbar, da lässt sich leicht die richtige Wahl treffen. Nur Hackfleisch bildet da die Ausnahme. Das stellt man am besten selbst her oder kauft Tatar.
Das magerste Fleischstück ist grundsätzlich das Filet, bzw. bei Geflügel die Bruststücke (fettreiche Haut, z. B. bei Hühnchen, Ente, Gans auf jeden Fall ablösen!). Schnitzel bzw. Steaks und magere Bratenstücke von Schwein oder Rind wählen Sie am besten aus der Keule.
Echte Feinschmecker-Alternativen sind außer-

dem mageres Fleisch vom Kaninchen oder Wild.
Zurückhaltung ist leider bei Wurst angesagt. Gerade beliebte Sorten wie Salami, Jagdwurst, Leberkäse oder Streichwurst enthalten oft reichlich verstecktes Fett. Die leichtere Wahl: Schinken (Fett kann man abschneiden), Aspik, Sülze oder Leichtkost-Geflügelaufschnitt.

Fisch

Für die fettarme Küche einfach ideal sind magere Fischsorten, die sich aromareich und unkompliziert zum Beispiel im Backofen, auf dem Grill oder in einer beschichteten Pfanne blitzschnell zubereiten lassen. Mit frischen Kräutern, Tomaten oder reichlich Saison-Gemüse kombiniert, werden daraus im Handumdrehen leichte Feinschmecker-Gerichte. Nur bei der Fischsorte sollten Sie die richtige Wahl treffen, denn einige Arten haben es „ganz schön in sich".

Magere Fischsorten:
Kabeljau, Seelachs, Seeteufel, Lengfisch, Rotzunge, Schellfisch, Scholle, Zander.

Seltener auf Ihrem Speiseplan sollten stehen:
Lachs, Hering (Matjes), Aal, Makrele, Butterfisch, Heilbutt, Tunfisch, Wels.

Milchprodukte und Käse

Ob Joghurt, Buttermilch, Kefir oder Quark – die Auswahl an köstlichen Produkten ist einfach überwältigend. Auch fettreduzierte Sorten gibt es für jeden Geschmack. Achten Sie beim Einkauf auf die Nährwertangaben. Auf allen Lebensmittelpackungen ist der Fettgehalt pro 100 g angegeben. Vergleichen Sie und wählen Sie dann die fettärmste Variante.
Das gleiche gilt beim Käse. Magere Sorten sind z. B. Harzer, Schichtkäse, Romadur, Edamer, Camembert oder Gouda mit maximal 30 % Fett in der Trockenmasse.

Fette

Egal ob Butter, Margarine oder Pflanzenöle – je weniger davon in Ihrem Kochtopf und auf dem Teller landen, desto besser. Denn alle Fettsorten enthalten geballte Energie und damit Kalorien pur. Ganz ohne Fett geht es aber natürlich auch nicht, denn einige Sorten liefern außer Kalorien auch lebenswichtige Fettsäuren und Vitamine, die der Körper braucht aber nicht selbst herstellen kann. Deshalb heiß die Devise: Wenn schon Fett, dann das Richtige! Mit hochwertigen Pflanzenölen (z. B. Oliven-, Distel-, Sonnenblumen- oder Weizenkeimöl) liegen Sie goldrichtig. Diese Sorten enthalten reichlich ungesättigte Fettsäuren (halten die Gefäße in Schwung) und die für den Körper so wichtigen fettlöslichen Vitamine A, D und E (für schöne Haut, Immunsystem und Nerven). Besonders reichlich enthalten sind diese Vitalstoffe in kalt gepressten Pflanzenölen (auf der Flasche angegeben), die man am besten für Salate, Dressings, Dips und kalte Gerichte verwendet, da die Öle sehr hitzeempfindlich sind. Aber auch feines Gemüse lässt sich nach dem Dünsten mit einigen Tropfen hochwertigem Öl auf gesunde Art köstlich verfeinern. Wer beim Gemüse auf den feinen Butter-Geschmack nicht verzichten möchte, verwendet zum Schwenken am besten Halbfett- oder Joghurtbutter, die einen geringeren Fettanteil als herkömmliche Butter hat.

Gewusst wie: Fettarm garen – die Methode macht's

Grillen, braten, dünsten, kochen – es geht auch mit wenig oder ganz ohne Fett. Jede Zubereitungsart hat ihre Vorteile, wenn es um fettarmes Garen geht. Hier lesen Sie welche Methode sich besonders gut für das ein oder andere Nahrungsmittel eignet.

Grillen

Ideal, wenn man einen elektrischen Tischgrill stets zu Hand hat oder sogar einen Backofen mit Grill besitzt. Optimal, ganz ohne zusätzliches Fett, gelingt darin z. B. zartes Geflügel – innen saftig, außen knusprig. Aber auch ganze Fische, Filets und viele Gemüsesorten lassen sich im Grill, in Alufolie gewickelt, herrlich aromatisch und zugleich fettarm garen. Der Trick, damit alles saftig bleibt und zugleich schön herzhaft wird: zuvor in würzige Marinaden (fettfreie Fertigprodukte gibt es z. B. in Asialäden) einlegen. Auf fettreiche Fertig-Dips mit Mayonnaise oder Crème fraîche dazu lieber verzichten, sonst hat man bei der Zubereitung gespartes Fett gleich wieder auf dem Teller. Leichte Alternativen sind Kräuter- oder Gemüse-Dips mit magerem Quark oder Joghurt.

Braten

Immer noch die beliebteste Methode für kleinere Fleischstücke oder Fisch. Das Wichtigste ist hier eine stabile, möglichst schwere und hochwertige Pfanne. Denn je besser das Material brät, desto einfacher lässt sich zusätzliches Bratfett sparen. Eine Antihaft-Beschichtung (z. B. aus Titan) ist optimal, denn darin brennt nichts an und bräunt auch ohne zusätzliches Fett schön appetitlich.
Ganz mageres Fleisch oder Fisch vor dem Braten evtl. dünn mit Öl einpinseln.

Dünsten und Dämpfen

Ganz ohne Fett können Sie frisches Gemüse, saftiges Geflügel oder zartes Fischfilet in wenig Wasser dünsten. Ideal dafür ist ein Kochtopf mit gut schließendem Deckel. So kann man wirklich vitamin- und aromaschonend in wenig Wasser garen, denn es entweicht kaum Dampf. Noch schonender wird das Gargut in einem passenden Dämpfeinsatz (Haushaltswarengeschäft) nur über kochendem Wasser im Dampf gegart. Gemüse vor dem Servieren dann mit wenig Butter oder einigen Tropfen aromatischem Pflanzenöl (z. B. Oliven-, Walnuss- oder Weizenkeimöl) schwenken und verfeinern.

Garen im Backofen

Wer größere Bratenstücke, ganze Fische oder Geflügel möglichst fettarm zubereiten möchte, sollte den Backofen nutzen. Ganz ohne zusätzliches Fett kommen Sie aus, wenn Sie einen Bratschlauch oder den praktischen Tontopf verwenden. Auch ganz magere Bratenstücke, z. B. Putenbrust, gelingen darin herrlich zart und saftig, denn alle Zutaten garen schön sanft im eigenen Saft. Übrigens: Auch im Bratschlauch oder Tontopf bekommt ein Bratenstück eine appetitlich braune Kruste. Mitgegartes Suppengemüse oder z. B. Dosentomaten, die püriert werden, ergeben einen schön würzigen, fettarmen Fond, der ideal als Saucenbasis ist.

Die zehn besten Fettspar-Tipps für die leichte Küche:

- Mayonnaise ganz oder zum großen Teil durch saure Sahne oder Joghurt ersetzen.

- Schlagsahne z. B. in Desserts zur Hälfte durch steif geschlagenes Eiweiß austauschen.

- Saucen nicht mit Mehl oder gar kalter Butter andicken, sondern kräftig einkochen lassen. Im Fond gegartes Gemüse darin fein pürieren, dadurch erhält die Sauce zusätzlich Aroma und eine feine Bindung.

- Von Brühe oder Bratensaucen das Fett z. B. mit Hilfe eines speziellen Fettabschöpfers (Haushaltswarenladen) oder mit Hilfe von Küchenpapier von der Oberfläche abschöpfen. Bei Gerichten, die gut vorzubereiten sind, das Fett nach dem Abkühlen einfach von der Oberfläche entfernen.

- In Dressings einen Teil des Öls durch würzige Gemüsebrühe (Instant) ersetzen.

- Statt Sahne (30 % Fett) oder Crème fraîche (30-50 % Fett) einfach saure Sahne (10 % Fett), ungesüßte Kondensmilch (10 % Fett) oder Schmand (24 % Fett) verwenden.

- Zum Überbacken von Gratins oder Aufläufen lieber auf eine üppige Käsekruste verzichten. Häufig reichen schon 2–3 Esslöffel fein geriebener Parmesan, gemischt mit 1 Esslöffel Semmelbrösel, um eine ebenso würzige Kruste zu erzeugen.

- Auch eine Salatmahlzeit kann reichlich Fett enthalten! Meistens haben es die Dressings in sich. Deshalb am besten selbst gemachte Dressings zum Salat verwenden oder bei gekauftem auf den Fettanteil achten. Es gibt auch Fertigdressings ganz ohne Fett!

- Knuspriges aus der Fritteuse oder Wiener-Schnitzel mit Panande - wer Kalorien sparen möchte, lässt lieber die Finger davon. Denn Frittiertes und Paniertes enthält leider reichlich Fett.

- Statt Speck: In wenig Öl knusprig gebratene Zwiebelstückchen sind als würzig-aromatische Zutat, z. B. für Salate, in Suppen usw., ebenso lecker.

Kapitelregister

Suppen

Salate/Snacks

Fisch

Fleisch

Gemüse

Nudeln

Beilagen

Dessert

Alphabetisches Register

Umwelthinweis

Dieses Buch und der Einband wurden auf chlorfrei gebleichtem Papier gedruckt. Die Einschrumpffolie – zum Schutz vor Verschmutzung – ist aus umweltfreundlichem und recyclingfähigem PE-Material.

Wenn Sie Anregungen, Vorschläge oder Fragen zu unseren Büchern haben, rufen Sie uns unter folgender Nummer an (0521) 155 25 80 oder 52 06 50 oder schreiben Sie uns:
Dr. Oetker Verlag KG, Am Bach 11, 33602 Bielefeld.

Redaktion

Susanne Legien-Raht, Hamburg
Carola Reich, Annette Riesenberg

Titelfotos

Thomas Diercks, Hamburg

Innenfotos

Kai Boxhammer, Hamburg
Thomas Diercks, Hamburg
Norbert Toelle, Bielefeld
Brigitte Wegner, Bielefeld
Bernd Wohlgemuth, Hamburg

Rezeptentwicklung und -beratung

Susanne Legien-Raht, Hamburg
Mechthild Plogmaker, Versuchsküche Dr. Oetker, Bielefeld

Nährwertberechnung

Susanne Legien-Raht, Hamburg

Grafisches Konzept
Titelgestaltung

Björn Carstensen, Hamburg
KonturDesign, Bielefeld

Satz + Reproduktionen
Druck und Bindung

Lithotronic Media GmbH, Frankfurt am Main
APPL Druck GmbH & Co KG, Wemding

ISBN 3-7670-0570-0